AF209219

Die Erfüllung des Gesetzes

von Moses zu Jesus

Alexander Basnar

Krumau am Kamp 2025

Bibliografische Information der Deutschen Nationalbibliothek: Die Deutsche Nationalbibliothek verzeichnet diese Publikation in der Deutschen Nationalbibliografie; detaillierte bibliografische Daten sind im Internet über www.dnb.de abrufbar.

Die Erfüllung des Gesetzes / von Moses zu Jesus

© Alexander Basnar, Krumau am Kamp 2025

https://cgkrumau.blog/

Titelbild iStock – Credit: jsp

Alle Bibelzitate nach der „Schlachter 2000", Genfer Bibelgesellschaft bzw. nach der „Septuaginta Deutsch", Deutsche Bibelgesellschaft

Verlag: BoD · Books on Demand GmbH, Überseering 33, 22297 Hamburg, bod@bod.de
Druck: Libri Plureos GmbH, Friedensallee 273, 22763 Hamburg
ISBN: 978-3-7693-2646-8

Inhalt

Bist du wirklich bibeltreu?

Bibeltreue ist ein hoher Standard, den viele Christen für sich behaupten. Gut so! Isst Du koscher? Hältst Du den Sabbat? Bist Du beschnitten? Warum (nicht)? All diese Fragen wurden unter den ersten Christen in Jerusalem heiß diskutiert und sie kommen immer wieder auf. Sie beunruhigen bibeltreue Christen bis zu dem Punkt, dass viele das Alte Testament kaum mehr aufschlagen, oder sich erst sicher fühlen, wenn sie – soweit das noch möglich ist – das ganze Gesetz halten.

Ich verstehe die Unsicherheiten sehr gut, denn auch ich habe eine Entwicklung durchgemacht von „billiger Gnade" bis hin zu einem „Listengehorsam", dem ich dann durch Gottes Gnade entfliehen konnte. Die richtige Antwort ist verblüffend einfach und befreiend, aber nicht gesetzlos. Darum geht es in diesem Buch, welches bewusst mit einem Doppelpunkt endet, denn der Herr hat gesagt:

„Wenn ihr dies wisst, glückselig seid ihr, wenn ihr es tut!" (Johannes 13,17).

Ein paar Vorbemerkungen sind wichtig:

Ich gebrauche für die Gemeinde zur Zeit der Apostel den Begriff *„erste Christen"*, um sie von den nächsten Generationen abzugrenzen, die ich *„frühe Christen"* nenne. Letztere erachte ich als ganz wichtig zum Verständnis, denn über Lehre und Praxis der ersten Christen erfahren wir aus dem Neuen Testament, und gerade deren Umgang mit dem Gesetz führt bei Christen heute immer wieder zu Missverständnissen. Die frühen Christen sind aber Zeugen dafür, wie jene dieses knifflige Thema „Gesetz und/oder Gnade" verstanden haben, die von den Aposteln selbst unterwiesen worden sind und/oder in den Gemeinden aufgewachsen sind, die von diesen gegründet wurden und wo sie auch lange Zeit mündlich gelehrt haben, wo dieses Thema ebenfalls diskutiert wurde. Ich glaube, diese sind in einer besseren Position zu erklären, was die Apostel wirklich gemeint und auch praktiziert haben. Darum werden sie von mir auch immer wieder (teils ausführlich) zitiert.

Was viele überraschen mag, ist mein Gebrauch des *griechischen* Alten Testaments in dieser Diskussion. Das hat mehrere Gründe. Vor allem den, dass diese Version im Neuen Testament überwiegend (ca. 90%) zitiert wird, und zwar auch vom Herrn Jesus selbst. In dieser Fassung (Septuaginta bzw. LXX genannt) wurden auch allen wesentlichen hebräischen Glaubensbegriffen ihre griechische Entsprechung gegeben, die dann auch im Neuen Testament 1:1 weiterverwendet wurden bis hin zum Namen Jesus, welcher die griechische Transkription von Yeshua ist, welches übrigens derselbe Name wie Josua ist. Damit ist es möglich, dieselben Schlüsselworte in beiden Teilen der Heiligen Schrift gemeinsam zu betrachten (was in diesem Buch jedoch nicht im Detail gemacht wird). Durch den Gebrauch im Neuen Testament sehe ich die LXX als vom Heiligen Geist bestätigt an. Die Unterschiede zu unseren, auf dem masoretischen Text beruhenden Übersetzungen, gehen auf eine ältere hebräische Textfassung zurück, die zum Teil in den Schriftrollen von Qumran bezeugt ist. Manchmal sind diese Unterschiede bedeutend und messianischer; manche Prophezeiungen, die im Neuen Testament als erfüllt bezeugt werden, basieren auf der LXX-Fassung. Schließlich wurde ausgerechnet im Hebräerbrief ausschließlich mit der LXX argumentiert. Das finde ich bemerkenswert, weshalb ich dazu übergegangen bin, primär diese Textfassung zu gebrauchen.

Oft wird darauf hingewiesen, dass unsere moderne westliche Denkweise anders ist als die Denkweise der Juden der Antike. Das stimmt gewiss. Wir denken linear und weniger bildhaft, während die Schreiber der Bibel in Themenblöcken und typologisch dachten. Sie betrachteten nicht nur den Text im Wortlaut und seines historischen Zusammenhanges, sondern brachten stets Aussagen aus verschiedenen Texten und Kontexten zusammen, die sie als zusammengehörig erkannten. Zudem sahen sie auch Vorbilder (Typen) in Personen und Ereignissen, die geistlich über diese hinaus wiesen. Wir würden das vielleicht als Allegorie bezeichnen und als spekulativ oder unzuverlässig bewerten. Tatsächlich ist es aber eine – nennen wir es – „prophetische" Leseweise, die damit rechnet, dass Gott in scheinbar unscheinbaren Ereignissen Christus und Sein Reich verborgen hat. Nun dachten nicht alle Juden gleich, im Gegenteil, es gab verschiedene Strömungen. Eine Strömung, die wir heute noch als „das Judentum" vor Augen haben, ist die pharisäische, die einzige, welche nach der Zerstörung des Tempels weiterexistierte und den nachfolgenden Generationen eine „theologische Überlebensstrategie" gab. Dieses „rabbinische Judentum" stellte den Talmud zusammen, der für seine komplizierten gesetzlichen Auslegungen „berüchtigt" ist. Da der Herr Jesus gerade diese Gruppe scharf kritisierte, weil deren „Überlieferungen der Väter" das Gesetz außer Kraft setzten, meine ich, dass wir gerade von jener Gruppe am allerwenigsten lernen können, wie man die Bibel richtig liest. Der Schlüssel zu den Heiligen Schriften ist einzig der Herr Jesus Christus, der den Aposteln zeigte, wie diese sich auf Ihn beziehen.

„Er aber sagte ihnen: Das sind die Worte, die ich zu euch geredet habe, als ich noch bei euch war, dass alles erfüllt werden muss, was im Gesetz Moses und in den Propheten und den Psalmen von mir geschrieben steht. Da öffnete er ihnen das Verständnis, damit sie die Schriften verstanden." (Lukas 24,44-45).

Darum sind die Schriften der Apostel der *einzig* verlässliche Standard, an dem wir unser Schriftverständnis eichen können.

Das ist, kurz gesagt, meine Herangehensweise in diesem Buch. Mit diesen Hinweisen lade ich nun zu einer spannenden Reise durch unsere Heiligen Schriften ein. Möge der Herr dadurch geehrt und die Leser dadurch erbaut werden!

Ach, diese Streitfragen!

Irenäus von Lyon schrieb einen Brief an Florinus, einen Bruder in Rom, dessen Sonderlehren die Gemeinde zu spalten drohten:

„Diese deine Lehren, Florinus, sind — um mich schonend auszudrücken — nicht gesunder Anschauung entsprungen. Diese Lehren widersprechen der Kirche; sie stürzen ihre Bekenner in die größte Gottlosigkeit. Selbst die außerhalb der Kirche stehenden Häretiker haben niemals solche Lehren aufzustellen gewagt. Auch die vor uns lebenden Presbyter, die noch mit den Aposteln verkehrten, haben dir diese Lehren nicht überliefert. Denn als ich noch ein Knabe war, sah ich dich im unteren Asien bei Polykarp; du hattest eine glänzende Stellung am kaiserlichen Hofe und suchtest die Gunst Polykarps zu erwerben. Ich kann mich nämlich viel besser an die damalige Zeit erinnern als an das, was erst vor kurzem geschah; denn was man in der Jugend erfährt, wächst mit der Seele und bleibt mit ihr vereint. Daher kann ich auch noch den Ort angeben, wo der selige Polykarp saß, wenn er sprach, auch die Plätze, wo er aus- und einging, auch seine Lebensweise, seine körperliche Gestalt, seine Reden vor dem Volke, seine Erzählung über den Verkehr mit Johannes und den anderen Personen, welche den Herrn noch gesehen, seinen Bericht über ihre Lehren, ferner das, was er von diesen über den Herrn, seine Wunder und seine Lehre gehört hatte. Alles, was Polykarp erfahren von denen, die Augenzeugen waren des Wortes des Lebens, erzählte er im Einklang mit der Schrift. Seine Worte habe ich durch die mir gewordene Gnade Gottes damals mit Eifer aufgenommen; nicht auf Papier, sondern in mein Herz habe ich sie eingetragen. Ich erinnere mich auch immer wieder durch die Gnade Gottes genau daran. Vor Gott kann ich bezeugen, dass, wenn jener selige, apostolische Presbyter solche Irrlehren gehört hätte, er laut aufgeschrien, sich die Ohren verstopft und seiner Gewohnheit gemäß ausgerufen hätte:

O guter Gott, für welche Zeiten hast du mich aufbewahrt, dass ich solches erleben muss!

Er wäre fortgeeilt von dem Orte, an dem er sitzend oder stehend solche Lehre vernommen hätte. Diese Wahrheiten werden bestätigt durch die Briefe, welche Polykarp teils an benachbarte Gemeinden, die er zu befestigen suchte, teils an einzelne Brüder, die er mahnte und ermunterte, geschrieben hat." (Brief an Florinus, zitiert in Eusebius' Kirchengeschichte V,20)

Irrlehren sind ein Ärgernis. Sie verursachen Streit, zerstören Freundschaften, zerreißen Familien, spalten Gemeinden und belasten die Gemeindeleiter mit der Ausarbeitung von Stellungnahmen und Entgegnungen, die sie von ihren wichtigeren Diensten im Reich Gottes abhalten. Warum?! Man kann Polykarps müden Verzweiflungsschrei in diesem Brief gut nachvollziehen, besonders, wenn man selbst schon jahrelang durch solche Minenfelder wandern musste. Es bleibt uns nicht erspart. Die Gemeinde ist Angriffen von vielen verschiedenen Seiten ausgesetzt; das war seit den Tagen der Apostel so und wird auch so bleiben, bis der Herr wiederkommt. Die Zurückweisung falscher Lehren gehört zu den unerfreulichsten Aspekten des Dienstes am Wort.

Positiv betrachtet können sie durchaus dazu beitragen, das Schriftverständnis zu schärfen. Andererseits bewirken solche Kontroversen nicht selten die Verzerrung oder Übertreibung an sich richtiger Lehrpunkte. Allzu oft ist man auf der anderen Seite vom Pferd gefallen und war am Ende nicht wesentlich besser als jene, die man abwehren wollte. Streitfragen können auch von persönlichen Eitelkeiten oder Ehrgeiz befeuert werden, sodass der geistliche Kampf sehr fleischlich geführt wird. Ich selbst habe in den letzten bald 40 Jahren genug erlebt, um mich nur mehr mit allergrößtem Widerwillen auf diese Schlachtfelder zu begeben. Als Gemeindeleiter muss ich aber diese Verantwortung übernehmen, wenn es notwendig ist, und die Geschwister in meiner Obhut müssen im Glauben soweit gefestigt werden, dass sie nicht von jedem Wind der Lehre hin und her getrieben werden.

„So habt nun acht auf euch selbst und auf die ganze Herde, in welcher der Heilige Geist euch zu Aufsehern gesetzt hat, um die Gemeinde Gottes zu hüten, die er durch sein eigenes Blut erworben hat! Denn das weiß ich, dass nach meinem Abschied räuberische Wölfe zu euch hineinkommen werden, die die Herde nicht schonen; und aus eurer eigenen Mitte werden Männer aufstehen, die verkehrte Dinge reden, um die Jünger abzuziehen in ihre Gefolgschaft." (Apostelgeschichte 20,28-30).

Polykarp war solch ein „Wächter" in der Gemeinde, und auch er hatte sichtlich wenig Freude an solchen Auseinandersetzungen. Aber er stellte sich ihnen ebenso mutig entgegen wie den Verfolgern, die ihn in der Arena verbrannten. Irenäus hebt in diesem Brief dessen bibeltreue Haltung besonders hervor, und Polykarp hatte zudem noch persönlichen Kontakt mit den Aposteln und Augenzeugen des Herrn: *„Alles, was Polykarp erfahren von denen, die Augenzeugen waren des Wortes des Lebens, erzählte er im Einklang mit der Schrift."* Er hatte nicht nur das geschriebene Wort als Waffe, er hatte auch vertrauten Umgang mit denen gehabt, die es verfasst hatten und die den Herrn Jesus selbst gehört hatten. Er wusste daher aus erster Hand, wie die Schriften, über die wir uns heute so oft streiten, zu verstehen sind. Es ist daher von größtem Wert, die Einsichten der frühen Christen in alle Diskussionen mit einzubeziehen. Das ist es, was *„Ad fontes!"*[1] bedeutet. Das werde ich in diesem Buch daher immer wieder tun.

Nicht erst nach dem Abscheiden der Apostel, sondern schon zu Lebzeiten derselben traten zwei schwerwiegende Irrlehren auf, die im Neuen Testament engagiert und nachdrücklich diskutiert werden.

- Die gesetzlichen Irrlehren (1. Timotheus 1,6-7)
- Die Behauptungen der fälschlich so genannten „Erkenntnis" (1. Timotheus 6,20-21).

---

[1] Zu den Quellen!

Beide Irrlehren hatten katastrophale Auswirkungen und haben dies bis heute, denn sie treten immer wieder in verschiedenen Variationen auf, ohne dabei jedoch wesentlich Neues zu verkünden. Irenäus übertreibt nicht, wenn er schreibt: *„Diese Lehren widersprechen der Kirche; sie stürzen ihre Bekenner in die größte Gottlosigkeit."* Paulus sagt im Grunde nichts anderes:

„Zu dieser haben sich etliche bekannt und haben darüber das Glaubensziel verfehlt." (1. Timotheus 6,21).

Das Motiv für die Behandlung dieser Irrlehren ist „Seelsorge", die Sorge um das Heil der einzelnen Gläubigen, die der Satan verwirren und vom Herrn abbringen möchte. Satan, nicht die selbst verwirrten und verführten Menschen, denen man mit Barmherzigkeit und Wohlwollen begegnen muss, ist der Gegner. Die Geschwister oder Fleisch und Blut sind nie und nimmer unser Feind. Darum schreibt Paulus:

„Die törichten und unverständigen Streitfragen aber weise zurück, da du weißt, dass sie nur Streit erzeugen. Ein Knecht des Herrn aber soll nicht streiten, sondern milde sein gegen jedermann, fähig zu lehren, geduldig im Ertragen von Bosheiten; er soll mit Sanftmut die Widerspenstigen zurechtweisen, ob ihnen Gott nicht noch Buße geben möchte zur Erkenntnis der Wahrheit und sie wieder nüchtern werden aus dem Fallstrick des Teufels heraus, von dem sie lebendig gefangen worden sind für seinen Willen." (2. Timotheus 2,23-26).

Da habe ich mich in meiner Vergangenheit auch oft nicht richtig verhalten, sondern verbissen gestritten, um auf Biegen und Brechen Recht zu behalten. Dass auf diese Weise keine gute Frucht entstehen kann, ist offensichtlich. Paulus hält hier eine feine Balance:

- Gib den Irrlehren keine allzu große Bühne.
- Versuche, die Verführten mit der gesunden Lehre und herzlicher Freundlichkeit zu gewinnen.

- Kümmere dich nicht darum, wenn man dir Bosheiten und böswillige Unterstellungen an den Kopf wirft.

Weiters sollen wir nicht zu viel Zeit für jene aufwenden, die sich nichts sagen lassen wollen:

„Die törichten Streitfragen aber und Geschlechtsregister, sowie Zwistigkeiten und Auseinandersetzungen über das Gesetz meide; denn sie sind unnütz und nichtig. Einen sektiererischen Menschen weise nach ein- und zweimaliger Zurechtweisung ab, da du weißt, dass ein solcher verkehrt ist und sündigt und sich selbst verurteilt hat." (Titus 3,9-11).

Ein sektiererischer Mensch ist nicht dasselbe wie ein ehrlich suchender, aber verwirrter, und man darf diese auch nicht auf dieselbe Weise behandeln. Hier sind Unterscheidungsvermögen und Weisheit gefragt. Häufig sind es gerade jene, die besonders um eine konsequente Nachfolge oder ein geisterfülltes Leben ringen, oder die ein sehr feines Gewissen haben, die zum Opfer von Verführern werden und dadurch in Gefahr geraten im Glauben zu scheitern. Dieses Anliegen ist ja nur zu loben, zu fördern und zu unterstützen! Aber jenen, die gezielt eindringen, um diese schwachen Geschwister mit ihren Sonderlehren zu umgarnen und so die Gemeinde zu spalten, muss man entschiedener entgegentreten. Damit will ich auch den Ton festgelegt haben, der die folgenden Kapitel prägen soll.

Dieses Buch befasst sich mit nur einer der beiden Hauptirrlehren. Die Gnosis soll also nur erwähnt bleiben, das Thema der Gesetzlichkeit dafür umso gründlicher erforscht werden.

Was Gesetzlichkeit (nicht) ist

Seit meiner Bekehrung in einer evangelikalen[2] Freikirche (1987) bin ich mit dem Begriff „Gesetzlichkeit" vertraut. Wir gebrauchten ihn als Abgrenzung gegenüber allem, was mit unserem eigenen Tun zu tun hat, sobald jemand dies als „heilsnotwendig" einforderte. Da uns in den Jüngerschaftsgruppen von Beginn an eingebläut wurde, dass wir allein aus Gnade durch Glauben ohne eigene Werke errettet würden, dachte auch ich lange Zeit, dass der Gehorsam gegenüber Gottes Geboten ausschließlich ein Akt der Dankbarkeit und Liebe gegenüber Christus sei, der in meinem eigenen Ermessen stehe, aber keineswegs eine Bedingung, um errettet zu werden. Erst viele Jahre später musste oder durfte ich erkennen, dass dies ein gewaltiges Missverständnis des Evangeliums darstellt, welches auf Luthers Polemik gegen die katholischen religiösen Regeln beruht. Es war geradezu ein Schock, als ich sah, dass Luther in Römer 3,28 das „allein" eingefügt hatte, obwohl es im griechischen Text so nicht dastand:

„So kommen wir nun zu dem Schluss, dass der Mensch [allein] durch den Glauben gerechtfertigt wird, ohne Werke des Gesetzes." (Römer 3,28).

Und dann steht da nicht nur „Werke", sondern „Werke des Gesetzes", was absolut nicht dasselbe ist. Stattdessen wird an vielen Stellen des Neuen Testaments der Glauben durch ein „und" mit anderen Kriterien verbunden, und nur gemeinsam mit diesen Ergänzungen ist die Voraussetzung zu Errettung vollständig ausgedrückt:

- Glaube und Buße (Markus 1,15)
- Glaube und Taufe (Markus 16,16)
- Glauben und Bekennen (Römer 10,9-10)
- Glaube und Werke (Jakobus 2,14)

---

[2] Die Gemeinde hatte zwar mennonitische Wurzeln, aber ein evangelikales Heilsverständnis

Es gibt noch viel mehr, was ich in meiner evangelikalen Prägung als „gesetzlich" ablehnte, sobald man es zu einer Heilsbedingung machte. Und doch steht es genau so in klaren Worten im Neuen Testament. Als ich diese Erkenntnisse in einem Buch zusammenfasste und vor der Veröffentlichung einer Bibelschule zur Ansicht gab, erhielt ich in fünf Jahren nicht einmal eine Antwort. Als es dann in Druck ging, wurde es vom Direktor in einem Vortrag auf einer Glaubenskonferenz scharf kritisiert. Ich war plötzlich ein „Irrlehrer", vor dem man warnen musste. Mittlerweile haben sich die Wellen gelegt und wir haben uns ausgesprochen, jedoch nicht geeinigt.

Die Apostel sahen all dies überhaupt nicht als gesetzlich, im Gegenteil, und unser Herr Jesus schloss die Bergpredigt mit den Worten:

„Nicht jeder, der zu mir sagt: Herr, Herr! wird in das Reich der Himmel eingehen, sondern wer den Willen meines Vaters im Himmel tut. Viele werden an jenem Tag zu mir sagen: Herr, Herr, haben wir nicht in deinem Namen geweissagt und in deinem Namen Dämonen ausgetrieben und in deinem Namen viele Wundertaten vollbracht? Und dann werde ich ihnen bezeugen: Ich habe euch nie gekannt; weicht von mir, ihr Gesetzlosen!

Ein jeder nun, der diese meine Worte hört und sie tut, den will ich mit einem klugen Mann vergleichen, der sein Haus auf den Felsen baute. Als nun der Platzregen fiel und die Wasserströme kamen und die Winde stürmten und an dieses Haus stießen, fiel es nicht; denn es war auf den Felsen gegründet. Und jeder, der diese meine Worte hört und sie nicht tut, wird einem törichten Mann gleich sein, der sein Haus auf den Sand baute. Als nun der Platzregen fiel und die Wasserströme kamen und die Winde stürmten und an dieses Haus stießen, da stürzte es ein, und sein Einsturz war gewaltig." (Matthäus 7,21-27).

Es genügt also nicht, an den Herrn Jesus zu glauben, um errettet zu werden, man muss auch tun, was Er sagt. Wer Ihm nicht gehorcht, glaubt nicht an den Herrn, so wie Er fordert, dass man an Ihn glaube, denn Er ist Herr und König, ein Gebieter und Gesetzgeber, nicht bloß unser Erlöser,

Opferlamm und Sündenvergeber. Die Schrift warnt also sehr klar und nachdrücklich vor „Gesetzlosigkeit", wie aber steht es um „Gesetzlich-keit"? Dieses Wort gibt es im ganzen Neuen Testament so nicht. Ich war nachvollziehbarerweise mehr als erstaunt und musste meinen Glauben und meinen Lebenswandel sehr gründlich überdenken.

Was aber ist im Neuen Testament tatsächlich als „gesetzliche Irrlehre" gebrandmarkt? Die Lehre, ein Christ wäre verpflichtet, sich beschneiden zu lassen und das ganze Gesetz des Moses zu halten. Das war die erste Kontroverse, welche die junge Gemeinde in Jerusalem in Aufregung versetzte; das ist ein durchgehendes Thema in allen Briefen des Paulus, wo er von Gnade, Glauben und (Gesetzes-)Werken sprach – und plötzlich löste sich der Widerspruch zwischen Paulus und Jakobus auf, denn Jakobus sprach nicht von Gesetzeswerken als Bedingung für das Heil, sondern von Glaubensgehorsam und Werken der Barmherzigkeit.

Machen wir also eine Zeitreise zurück in die Zeit Jesu, die ersten Jahre der Gemeinde und den Beginn der Heidenmission.

Jesus unter dem Gesetz

Unser Herr Jesus Christus war ein gesetzestreuer Jude, wie auch Paulus ausdrücklich sagte:

„Als aber die Zeit erfüllt war, sandte Gott seinen Sohn, geboren von einer Frau und unter das Gesetz getan, damit er die, welche unter dem Gesetz waren, loskaufte, damit wir die Sohnschaft empfingen." (Galater 4,4-5).

Auf den zweiten Teil der Stelle kommen wir noch zurück, wenn wir darüber nachdenken, was es bedeutet vom Gesetz losgekauft zu sein und die Sohnschaft zu erlangen. Hier halten wir fest, dass Jesus sich unter das Gesetz beugte und es hielt. Er wurde am achten Tag beschnitten, pilgerte zu den vorgeschriebenen Festen nach Jerusalem, hielt den Sabbat und besuchte regelmäßig die Synagoge, entrichtete die Kopfsteuer, hatte sogar die vorgeschriebenen Quasten am Gewand und trug selbstverständlich den für jüdische Männer obligatorischen Bart. Hinsichtlich des Gesetzes konnte man Ihm nichts vorwerfen, auch wenn er seitens der Pharisäer für Seine Heilungen am Sabbat scharf kritisiert wurde. Doch da ging es nicht um den Sabbat selbst, sondern um die zu weitgehende Auslegung dessen in der „Überlieferung der Väter",[3] welche die Pharisäer höher als die Schrift selbst achteten. Als er zehn Leprakranke heilte, schickte Er sie entsprechend dem Gesetz zu den Priestern im Tempel, damit sie die Reinigung offiziell bestätigen sollten.

Allerdings kündigte Er in Seiner Lehre bereits eine Änderung des Gesetzes an, die Seine Zuhörer derart befremdete, dass sie Ihm unterstellten, er würde das Gesetz des Moses außer Kraft setzen. Tatsächlich ist Seine Antwort darauf radikal:

---

[3] Diese war damals eine rein mündliche Überlieferung, die später in Mischna, Gemara und Talmud verschriftlicht wurde.

„Ihr sollt nicht meinen, dass ich gekommen sei, um das Gesetz oder die Propheten aufzulösen. Ich bin nicht gekommen, um aufzulösen, sondern um zu erfüllen! Denn wahrlich, ich sage euch: Bis Himmel und Erde vergangen sind, wird nicht ein Buchstabe noch ein einziges Strichlein vom Gesetz vergehen, bis alles geschehen ist. Wer nun eines von diesen kleinsten Geboten auflöst und die Leute so lehrt, der wird der Kleinste genannt werden im Reich der Himmel; wer sie aber tut und lehrt, der wird groß genannt werden im Reich der Himmel. Denn ich sage euch: Wenn eure Gerechtigkeit die der Schriftgelehrten und Pharisäer nicht weit übertrifft, so werdet ihr gar nicht in das Reich der Himmel eingehen!" (Matthäus 5,17-20).

Unser Herr gebraucht hier sehr starke Worte, die in der deutschen Übersetzung nicht die Kraft haben wie im griechischen Original. Wir brauchen übrigens gar nicht über ein aramäisches Original zu spekulieren (das nirgends überliefert ist), da Sein Hauptwirkungsgebiet Galiläa vorwiegend griechischsprachig war. In den dortigen Synagogen lag dementsprechend auch das griechische Alte Testament (die Septuaginta, LXX) auf. Sehen wir uns also ein paar der griechischen Schlüsselworte an:

Was meint Er mit dem „Auflösen des Gesetzes"? Das war der Vorwurf, mit dem Er direkt oder indirekt konfrontiert worden war. Das Wort dahinter ist "καταλύω / kataluo" und bedeutet so viel wie „völlig auflösen, zerstören, vernichten, außer Kraft setzen", es hat gegenüber dem normalen Auflösen (λύω / luo) eine deutliche Verstärkung. Er hat keineswegs vor, das Gesetz des Moses abzuschaffen, sondern es „zu erfüllen". Was bedeutet das? Das Wort dahinter ist „πληρόω / pleroo" und bedeutet „randvoll auffüllen, vervollständigen".[4] Das ist radikal! Damit sagt Er, das Gesetz sei nicht ausreichend, ihm fehle Wesentliches, es könne seinen Zweck nicht erfüllen, es müsse auf das Vollmaß gebracht werden! Was das

---

[4] Meistens wird dieses Wort in Bezug auf die Erfüllung von prophetischen Voraussagen verwendet, oder eben auch z.B. als die Netze voll waren (Mat 13,48), oder wenn es darum geht, „das Maß voll zu machen" (Mat 23,32). In Bezug auf die Gebote des Gesetzes ist die zweite Bedeutung stimmiger, und so wurde es auch von den frühen Christen verstanden.

bedeutet, erklärt uns Irenäus, der zu Füßen des Polykarp saß und griechisch als Muttersprache sprach:

„Deswegen hat der Herr statt des Gebotes: Du sollst nicht ehebrechen, das: Du sollst nicht begehren gesetzt; statt des: Du sollst nicht töten, das: Du sollst nicht einmal zürnen; statt des Zehnten die Verteilung der gesamten Habe unter die Armen geboten und befohlen, nicht nur den Nächsten, sondern auch die Feinde zu lieben, … Das aber löst, wie wir gesagt haben, das Gesetz nicht auf, sondern erfüllt es und erweitert es in uns, sodass man sagen könnte, unseren Herzen sei eine größere Wirksamkeit der Freiheit und vollere Unterwerfung und Ergebenheit gegen unsern Erlöser eingeprägt."[5]

Anders gesagt: Das Gesetz kann unser Herz nicht verändern, vielmehr schürt es den Widerstand des Fleisches; aber der Neue Bund bringt Gottes Geist, der in uns das Wollen und Vollbringen wirkt und uns zu einem Gehorsam anleitet, der nicht länger auf den Buchstaben des Gesetzes begrenzt ist, sondern weit darüber hinaus die Regungen des Herzens verändert.

Weiter bekräftigt der Herr, dass kein Buchstabe oder Strichlein des Gesetzes vergehen wird, bis alles geschehen ist. Damit sagt Er eben nicht: bis alles befolgt und getan ist! Hinter diesem „Geschehen" steckt das Wort „γίνομαι / ginomai", und das bedeutet „ins Dasein treten, erscheinen, werden". Wir kennen das Wort aus dem Schöpfungsbericht, wo Gott sprach und es wurde. Das Gesetz muss also „Gestalt annehmen, sichtbar werden, ins Dasein treten". Wie kann man das verstehen? Ich denke, Paulus drückt es sehr treffend aus:

„So lasst euch von niemand richten wegen Speise oder Trank, oder wegen bestimmter Feiertage oder Neumondfeste oder Sabbate, die doch nur ein Schatten

---

[5] Gegen die Häresien IV,13,3

der Dinge sind, die kommen sollen, wovon aber der Christus das Wesen hat."
(Kolosser 2,16-17).

Wörtlich heißt der letzte Satzteil: *„wovon der Körper des Christus ist"* (d.h.
der Körper, der den Schatten wirft). Aha! Daran sehen wir, warum das
Gesetz des Moses unvollständig ist, weil es nur der Schatten des Christus
ist, der Sein Kommen vorausschattend angekündigt hat. Das ist es auch,
was Paulus meint, wenn er schreibt:

„Denn Christus ist das Ende [bzw. Ziel] des Gesetzes." (Römer 10,4).

Wir werden noch eingehender darauf zurückkommen, doch schon jetzt ist
es spannend, welche Andeutungen der Herr bezüglich des Gesetzes macht,
denn wer befasst sich noch mit dem Schatten des Christus, wenn dieser
leibhaftig vor uns steht? Nach Seiner Auferstehung öffnet der Herr Seinen
Jüngern die Augen für die heiligen Schriften:

*„Er aber sagte ihnen: Das sind die Worte, die ich zu euch geredet habe, als ich noch
bei euch war, dass alles erfüllt werden muss, was im Gesetz Moses und in den
Propheten und den Psalmen von mir geschrieben steht. Da öffnete er ihnen das
Verständnis, damit sie die Schriften verstanden."* (Lukas 24,44-45).

Man hört manchmal, dass wir in unserem Denken zu Griechisch geprägt
seien, um die Schriften wirklich zu verstehen, weshalb wir uns bei den
Juden (oder gar im Talmud) Rat holen sollten, da sie in der biblischen
Kultur und Denkweise wirklich daheim waren. Aber nicht diesen wurden
die Augen geöffnet, sondern den Aposteln. Es geht also weder um eine
griechische, noch um eine jüdische Leseweise der Schriften, sondern um
ein genuin christlich-apostolisches Verständnis, welches uns der Herr
eröffnet hat.

Unser Herr zielt auf eine bessere Gerechtigkeit. Wir sollen die Pharisäer
und Schriftgelehrten weit übertreffen, da wir ansonsten auf gar keinen Fall
in das Reich Gottes gelangen. Wer war gesetzestreuer als die Pharisäer?

Wie kann dieser Maßstab erfüllt werden? Dabei hielten sich die Pharisäer und Schriftgelehrten peinlich genau an ein Gesetz, das nicht vollendet war, noch nicht aufs Vollmaß gebracht worden war! Die Antwort liegt in dem, was der Herr im Anschluss sagte (Matthäus 5,21-48), indem Er das buchstäbliche Gesetz erweiterte und auf die Verwandlung des Herzens zielte. Das aber geschieht einzig durch den Heiligen Geist, der uns in der neuen Geburt zu neuen Menschen macht. Darum schreibt Paulus:

„So gibt es jetzt keine Verdammnis mehr für die, welche in Christus Jesus sind, die nicht gemäß dem Fleisch wandeln, sondern gemäß dem Geist. Denn das Gesetz des Geistes des Lebens in Christus Jesus hat mich frei gemacht von dem Gesetz der Sünde und des Todes. Denn was dem Gesetz [des Moses] unmöglich war – weil es durch das Fleisch kraftlos war –, das tat Gott, indem er seinen Sohn sandte in der gleichen Gestalt wie das Fleisch der Sünde und um der Sünde willen und die Sünde im Fleisch verurteilte, damit die vom Gesetz geforderte Gerechtigkeit in uns erfüllt würde, die wir nicht gemäß dem Fleisch wandeln, sondern gemäß dem Geist." (Römer 8,1-4).

Der natürliche Mensch kann dem Vollmaß des Gesetzes nicht genügen, während es einigen wenigen durchaus gelang, dem Buchstaben des ungenügenden Gesetzes zu entsprechen. Von Zacharias und Elisabeth wird das ausdrücklich bezeugt (Lukas 1,6), und auch Paulus konnte wahrheitsgemäß von sich sagen:

„Wenn ein anderer meint, er könne auf Fleisch vertrauen, ich viel mehr: beschnitten am achten Tag, aus dem Geschlecht Israel, vom Stamm Benjamin, ein Hebräer von Hebräern, im Hinblick auf das Gesetz ein Pharisäer, im Hinblick auf den Eifer ein Verfolger der Gemeinde, im Hinblick auf die Gerechtigkeit im Gesetz untadelig gewesen." (Philipper 3,4-6).

Das aber soll gemäß den Worten des Herrn weit übertroffen werden! Wie? Durch den Wandel im Geist! Allein dadurch werden die Rechtsforderungen des Gesetzes in uns erfüllt. Für Paulus war das so überwältigend, dass er fortsetzt:

„Aber was mir Gewinn war, das habe ich um des Christus willen für Schaden geachtet; ja, wahrlich, ich achte alles für Schaden gegenüber der alles übertreffenden Erkenntnis Christi Jesu, meines Herrn, um dessentwillen ich alles eingebüßt habe; und ich achte es für Dreck, damit ich Christus gewinne und in ihm erfunden werde, indem ich nicht meine eigene Gerechtigkeit habe, die aus dem Gesetz kommt, sondern die durch den Glauben an Christus, die Gerechtigkeit aus Gott aufgrund des Glaubens, um Ihn zu erkennen und die Kraft seiner Auferstehung und die Gemeinschaft seiner Leiden, indem ich seinem Tod gleichförmig werde, damit ich zur Auferstehung aus den Toten gelange." (Philipper 3,7-11).

Die Gerechtigkeit der Schriftgelehrten und Pharisäer bezeichnet der Apostel gar als Schaden und Dreck verglichen mit der besseren Gerechtigkeit in Christus! Würden wir uns trauen, es so radikal zu formulieren? Doch genau so ernst nahm Paulus das, was niemand anders als der Herr Jesus selbst in der Bergpredigt gelehrt hatte.

Wir sehen also den Herrn Jesus als gesetzestreuen Juden, der aber in Seiner Lehre eine „Erweiterung und Ausdehnung" des Gesetzes ankündigte, weil das Gesetz unzureichend ist, um unsere Herzen zu verändern und die von Gott geforderte Gerechtigkeit hervorzubringen. Jetzt können wir den zweiten Teil aus Galater 4,4-5 einordnen:

„Als aber die Zeit erfüllt war, sandte Gott seinen Sohn, geboren von einer Frau und unter das Gesetz getan, damit er die, welche unter dem Gesetz waren, loskaufte, damit wir die Sohnschaft empfingen." (Galater 4,4-5).

Das Gesetz bringt uns nicht zur Sohnschaft, es macht uns nicht zu Kindern Gottes. Von extrem wenigen Ausnahmen abgesehen, spricht es uns lediglich schuldig und verurteilt uns. Wenn Er uns loskaufen muss, dann hat uns das unzureichende Gesetz in eine verzweifelte, aussichtslose Lage gebracht. Wir können diesem nicht entsprechen, weil unser Fleisch dazu nicht in der Lage ist.

„Denn wir wissen, dass das Gesetz geistlich ist; ich aber bin fleischlich, unter die Sünde verkauft. ... Denn ich weiß, dass in mir, das heißt in meinem Fleisch, nichts Gutes wohnt; das Wollen ist zwar bei mir vorhanden, aber das Vollbringen des Guten gelingt mir nicht ... Ich finde also das Gesetz vor, wonach mir, der ich das Gute tun will, das Böse anhängt. Denn ich habe Lust an dem Gesetz Gottes nach dem inneren Menschen; ich sehe aber ein anderes Gesetz in meinen Gliedern, das gegen das Gesetz meiner Gesinnung streitet und mich gefangennimmt unter das Gesetz der Sünde, das in meinen Gliedern ist. Ich elender Mensch! Wer wird mich erlösen von diesem Todesleib?" (Römer 7,14.18.21-24).

Wie passt das zum Selbstzeugnis des Paulus, dass er dem Gesetz nach unsträflich war? Er war es äußerlich, aber das Gesetz offenbarte ihm etwas über sein Inneres und setzte etwas in Gang:

„Was wollen wir nun sagen? Ist das Gesetz Sünde? Das sei ferne! Aber ich hätte die Sünde nicht erkannt, außer durch das Gesetz; denn von der Begierde hätte ich nichts gewusst, wenn das Gesetz nicht gesagt hätte: Du sollst nicht begehren! Da nahm aber die Sünde einen Anlass durch das Gebot und bewirkte in mir jede Begierde; denn ohne das Gesetz ist die Sünde tot. Ich aber lebte, als ich noch ohne Gesetz war; als aber das Gebot kam, lebte die Sünde auf, und ich starb; und eben dieses Gebot, das zum Leben gegeben war, erwies sich für mich als todbringend. Denn die Sünde nahm einen Anlass durch das Gebot und verführte mich und tötete mich durch dasselbe." (Römer 7,7-11).

Das ist unser Problem. Darum schrie Paulus vor Verzweiflung: *„Ich elender Mensch! Wer wird mich erlösen von diesem Todesleib?"* Die Antwort ist Christus. Sein Tod und Seine Auferstehung zu unserer Erlösung, zusammen mit der Gabe des Heiligen Geistes und der neuen Geburt, schaffen einen neuen Menschen, der frei vom inneren Gesetz der Sünde und vom unzureichenden Gesetz des Moses ist. Darauf zielt die Lehre des Herrn in der Bergpredigt. So gelangen wir zur überströmend besseren Gerechtigkeit, indem wir durch den Geist leben und unser Fleisch überwinden.

Im Schatten des Tempels

Nicht nur der Herr Jesus, auch alle Seine Jünger waren unter dem mosaischen Gesetz aufgewachsen, das sie treu beachteten. Die erste Gemeinde, die zu Pfingsten begann, war durch und durch jüdisch, und sie lebten in Jerusalem, im Schatten des beeindruckenden Tempels. Wie hielten sie es nach Pfingsten mit dem Gesetz und dem Haus Gottes?

„Alle Gläubigen waren aber beisammen und hatten alle Dinge gemeinsam; sie verkauften die Güter und Besitztümer und verteilten sie unter alle, je nachdem einer bedürftig war. Und jeden Tag waren sie beständig und einmütig im Tempel und brachen das Brot in den Häusern, nahmen die Speise mit Frohlocken und in Einfalt des Herzens; sie lobten Gott und waren angesehen bei dem ganzen Volk. Der Herr aber tat täglich die zur Gemeinde hinzu, die gerettet wurden.“ (Apostelgeschichte 2,44-47).

Das Gemeindeleben war bemerkenswert anders, als wir uns vorstellen. Tägliches Zusammenkommen! Das scheint uns unvorstellbar intensiv. Gütergemeinschaft! Sie hatten die Lehren des Herrn vom Mammon verinnerlicht, um die wir in der Regel einen großen Bogen machen. Sie trafen sich in Privathäusern, wo sie das Brot brachen, gemeinsam aßen und Gott lobten.

Gleichzeitig gingen sie täglich in den Tempel. Was taten sie dort? Gewiss brachten sie keine Sündopfer mehr dar, denn im Brotbrechen hielten sie sich ja beständig das eine und vollkommene Sündopfer vor Augen, welches der Herr am Kreuz dargebracht hatte. Etwas später lesen wir:

„Petrus und Johannes gingen aber miteinander in den Tempel hinauf um die neunte Stunde, da man zu beten pflegte.“ (Apostelgeschichte 3,1).

Die ersten Christen hielten offenbar die überlieferten jüdischen Gebetszeiten ein, die übrigens nicht im mosaischen Gesetz verfügt, sondern Teil der allgemeinen religiösen Tradition waren. Sie fügten sich also in den

Strom der Menge im Tempelvorhof und stimmten in die Gebete ein. Sie nützten aber auch die Gelegenheit, im Tempelgelände vor allem Volk das Evangelium zu verkünden. Ihre christlichen Gemeindeversammlungen hielten sie dort aber nicht, diese fanden in ihren Hausgemeinden statt. Sie wurden von den übrigen Juden als ihresgleichen wahrgenommen, solange sie nicht predigten. Erst dann wurde der Unterschied deutlich, und Teile ihrer Botschaft waren offenbar skandalös:

„Und Stephanus, voll Glauben und Kraft, tat Wunder und große Zeichen unter dem Volk. Aber etliche aus der sogenannten Synagoge der Libertiner und Kyrenäer und Alexandriner und derer von Cilicien und Asia standen auf und stritten mit Stephanus. Und sie konnten der Weisheit und dem Geist, in dem er redete, nicht widerstehen. Da stifteten sie Männer an, die sagten: Wir haben ihn Lästerworte reden hören gegen Mose und Gott!

Und sie wiegelten das Volk und die Ältesten und die Schriftgelehrten auf und überfielen ihn, rissen ihn fort und führten ihn vor den Hohen Rat. Und sie stellten falsche Zeugen, die sagten: Dieser Mensch hört nicht auf, Lästerworte zu reden gegen diese heilige Stätte und das Gesetz! Denn wir haben ihn sagen hören: Jesus, der Nazarener wird diese Stätte zerstören und die Gebräuche ändern, die uns Mose überliefert hat!" (Apostelgeschichte 6,8-14).

Jetzt wird es haarig. Was davon kommt wirklich aus dem Mund des Stephanus, und was wurde ihm lediglich unterstellt? Ich kann mir vorstellen, dass die Vorwürfe Übertreibungen dessen sind, was er tatsächlich gesagt hatte; doch es gibt ja einen guten Vergleich zum Prozess Jesu:

„Aber die obersten Priester und die Ältesten und der ganze Hohe Rat suchten ein falsches Zeugnis gegen Jesus, um ihn zu töten. Aber sie fanden keines; und obgleich viele falsche Zeugen herzukamen, fanden sie doch keines. Zuletzt aber kamen zwei falsche Zeugen und sprachen: Dieser hat gesagt: Ich kann den Tempel Gottes zerstören und ihn in drei Tagen aufbauen!" (Matthäus 26,59-61).

Haben die falschen Zeugen dem Herrn Jesus etwas Falsches in den Mund gelegt? Nein, das hat Er tatsächlich so gesagt:

„Jesus antwortete und sprach zu ihnen: Brecht diesen Tempel ab, und in drei Tagen will ich ihn aufrichten!" (Johannes 2,19).

Wir lesen dann zwar weiter, dass Er den Tempel Seines Leibes gemeint hat, doch das hat Er nicht dazugesagt. Damit blieb Seine Aussage eine gezielte Provokation, und die Zeugen beim Prozess sagten grundsätzlich die Wahrheit; sie waren nur insofern falsch, als es ihnen nicht darum ging zu hinterfragen, was diese eigentlich absurde Aussage bedeutete, und es ihnen mit ihrer Zeugenaussage nur darum ging, dem Herrn zu schaden. Ähnlich könnte es bei Stephanus gewesen sein.

Die ersten Christen waren tief in der Lehre der Apostel verwurzelt, die im wesentlichen das umfasst, was wir in den Evangelien lesen. Ausdrücklich steht in der Apostelgeschichte:

„Und sie blieben beständig in der Lehre der Apostel." (Apostelgeschichte 2,42).

Es heißt nicht: *„Und sie blieben beständig im Gesetz des Moses"*, auch wenn sie es weitestgehend befolgten. Die Lehre der Apostel umfasst auch alles, was der Herr Jesus über die Erweiterung und Ausdehnung des Gesetzes sagte. Das war keine Geheimlehre, sondern ein zentraler Punkt Seiner Verkündigung. Darum ist anzunehmen, dass Stephanus dies auch in der einen oder anderen Form sagte. Außerdem hat der Herr auch die buchstäbliche Zerstörung des Tempels vorausgesagt:

„Und Jesus trat hinaus und ging vom Tempel hinweg. Und seine Jünger kamen herzu, um ihm die Gebäude des Tempels zu zeigen. Jesus aber sprach zu ihnen: Seht ihr nicht dies alles? Wahrlich, ich sage euch: Hier wird kein Stein auf dem anderen bleiben, der nicht abgebrochen wird!" (Matthäus 24,1-2).

Wie immer Stephanus dies in seiner Verkündigung einfließen ließ, es erregte großes Ärgernis. Er wurde vor den hohen Rat gezerrt und rechtfertigte sich dort in einer freimütigen Ansprache, die den Schriftgelehrten, Pharisäern und Priestern die Masken vom Gesicht riss:

„Doch der Höchste wohnt nicht in Tempeln, die von Händen gemacht sind, wie der Prophet spricht: »Der Himmel ist mein Thron und die Erde der Schemel für meine Füße. Was für ein Haus wollt ihr mir bauen, spricht der Herr, oder wo ist der Ort, an dem ich ruhen soll? Hat nicht meine Hand das alles gemacht?«

Ihr Halsstarrigen und Unbeschnittenen an Herz und Ohren! Ihr widerstrebt allezeit dem Heiligen Geist; wie eure Väter, so auch ihr! Welchen Propheten haben eure Väter nicht verfolgt? Und sie haben die getötet, die vorher das Kommen des Gerechten ankündigten, dessen Verräter und Mörder ihr nun geworden seid – ihr, die ihr das Gesetz auf Anordnung von Engeln empfangen und es nicht gehalten habt!" (Apostelgeschichte 7,48-53).

Johannes Chrysostomos (344-407) merkt zu den letzten Worten an:

„Was ist der Grund dafür, dass er an dieser Stelle im Ton der Beschimpfung spricht? Groß war seine Kühnheit zu reden, als er kurz vor dem Tod stand; denn ich glaube, er wusste, dass dies der Fall war. „Ihr seid halsstarrig", sagt er, ‚und unbeschnitten an Herz und Ohren'. Auch das ist von den Propheten: nichts ist von ihm selbst. „Ihr widerstrebt dem Heiligen Geist allezeit; wie eure Väter taten, so tut ihr auch." (V. 51.) Wenn es nicht sein Wille war, dass Opfer sein sollten, so opfert ihr; wenn es sein Wille ist, so opfert ihr wiederum nicht; wenn er euch keine Gebote geben wollte, so habt ihr sie an euch gezogen; wenn ihr sie bekommen habt, so vernachlässigt ihr sie. Wiederum, als der Tempel stand, habt ihr Götzen angebetet: wenn es Sein Wille ist, ohne Tempel angebetet zu werden, tut ihr das Gegenteil. Beachte, er sagt nicht: „Ihr widerstrebt Gott", sondern: „dem Geist"; so weit war er davon entfernt, einen Unterschied zwischen ihnen zu kennen."[6]

Was nützt es, das Gesetz hochzuhalten, wenn man es ohnedies nie wirklich beachtet hat? Das ist ja die Heuchelei schlechthin! Doch so ist es in aller

---

[6] A commentary on the Acts of the Apostles, XVII; übersetzt mit DeepL

Regel: Das Gesetz führt zur Heuchelei, weil unser unbeschnittenes Herz nicht mit diesem im Einklang ist. So wahren wir zwar den äußeren Schein, hassen es innerlich aber und übertreten es immer wieder. Denn das Gesetz kann unser Herz nicht verändern; Stephanus spricht es direkt an.

Ein Geschrei entstand, und die honorigen Herren des Hohen Rates stürzten sich auf ihn, um ihn zur Steinigung zu führen. So starb der erste Märtyrer der Christenheit, weil er es wagte, das Gesetz des Moses infrage zu stellen und den Tempel als obsolet zu bezeichnen. Seine Steinigung war der Startschuss zu einer jahrelangen allgemeinen Christenverfolgung durch die jüdische Obrigkeit, in der sich dann Saulus (der spätere Apostel Paulus) besonders hervortat.

Der Stein des Anstoßes waren also das Gesetz und der Tempel. Wer das kritisierte, bekam große Probleme, denn er berührte damit den Kern jüdischer Identität. Es war tief im Volk eingebrannt, dass sie durch den Ungehorsam gegen das Gesetz den Tempel schon einmal verloren hatten und in die babylonische Gefangenschaft gerieten. Als sie 70 Jahre später zurückkehrten und den Tempel wieder aufbauten, verpflichteten sie sich mit besonderer Ernsthaftigkeit zur Einhaltung des Gesetzes. Nach der Zeit Alexanders des Großen nötigten die Griechen unter Antiochus IV. Epiphanes die Juden zum Götzendienst, und viele Juden wurden begeisterte Hellenen. Ein Krieg entbrannte, als die Makkabäer für die Freiheit Israels und das Gesetz kämpften und siegten. Der Wiedereinweihung des Tempels wird bis heute im Chanukkafest gedacht. Unter der Unterdrückung durch die Griechen ließen auch viele gesetzestreue Juden als Märtyrer ihr Leben. Es ist sehr nachvollziehbar, dass aufgrund dieser Geschichte das Gesetz und der Tempel den Juden heilig waren. Wehe dem, der sich dagegen aussprach.

In so einem Umfeld mussten die ersten Christen klug wie die Schlangen und ohne Falsch wie die Tauben vorgehen. Doch nicht allein deshalb hielten sie weiter an den jüdischen Gebräuchen fest, ohne die Lehre des

Herrn zu kompromittieren. Es war ihnen selbst noch gar nicht in den Sinn gekommen, dass das Evangelium sie von der buchstäblichen Einhaltung des Gesetzes entbindet. Dazu musste erst etwas geschehen: die Bekehrung der ersten Heiden.

Der erste Heidenchrist

Wie sehr die Apostel und die ersten Christen der jüdischen Lebensweise und dem Gesetz des Moses verhaftet waren, zeigt die Bekehrung des römischen Hauptmanns Kornelius. Dieser Neuzugang überforderte sie und stellte ihnen Fragen, deren Tragweite sie noch nicht erfassten.

„In Cäsarea lebte aber ein Mann namens Kornelius, ein Hauptmann der Schar, die man »die Italische« nennt; der war fromm und gottesfürchtig mit seinem ganzen Haus und gab dem Volk viele Almosen und betete ohne Unterlass zu Gott.

Der sah um die neunte Stunde des Tages in einem Gesicht deutlich einen Engel Gottes zu ihm hereinkommen, der zu ihm sprach: Kornelius! Er aber blickte ihn an, erschrak und sprach: Was ist, Herr? Er sprach zu ihm: Deine Gebete und deine Almosen sind hinaufgekommen vor Gott, so dass er ihrer gedacht hat! Und nun sende Männer nach Joppe und lass Simon holen mit dem Beinamen Petrus. Dieser ist zu Gast bei einem Gerber Simon, dessen Haus am Meer liegt; der wird dir sagen, was du tun sollst!" (Apostelgeschichte 10,1-6).

Wenn im Neuen Testament jemand als „Gottesfürchtiger" bezeichnet wurde, meinte das eine Person, die begonnen hat, den Gott Israels zu verehren, ohne sich jedoch beschneiden zu lassen und als Proselyt zum Judentum überzutreten. Manche mochten das so gehalten haben, weil sie noch abwartend waren, für andere mag es beruflich oder gesellschaftlich nicht möglich gewesen sein, zum Judentum zu konvertieren. Das mag bei Kornelius der Fall gewesen sein, aber er nahm den Glauben nichtsdestotrotz sehr ernst. So ernst, menschlich gesprochen, dass Gott auf ihn aufmerksam wurde. So tat der Hauptman, was der Engel ihm sagte.

Für Petrus war die Überraschung nicht minder groß. Er war im Gebet am Dach des Hauses, als er eine unappetitliche Erscheinung hatte:

„Und er sah den Himmel geöffnet und ein Gefäß zu ihm herabkommen, wie ein großes, leinenes Tuch, das an vier Enden gebunden war und auf die Erde nieder-

gelassen wurde; darin waren all die vierfüßigen Tiere der Erde und die Raubtiere und die kriechenden Tiere und die Vögel des Himmels. Und eine Stimme sprach zu ihm: Steh auf, Petrus, schlachte und iss!

Petrus aber sprach: Keineswegs, Herr! denn ich habe noch nie etwas Gemeines oder Unreines gegessen! Und eine Stimme sprach wiederum, zum zweitenmal, zu ihm: Was Gott gereinigt hat, das halte du nicht für gemein! Dies geschah dreimal, und dann wurde das Gefäß wieder in den Himmel hinaufgezogen." (Apostelgeschichte 10,11-16).

Undenkbar war es für den gesetzestreuen Apostel, solche Speisen auch nur zu berühren. Es ekelte ihn richtiggehend, denn er war ja erzogen, solche Tiere als unrein und als Gräuel zu bewerten. Das ist ein deutlicher Hinweis darauf, wie ernst die ersten Christen die Speisegebote nahmen, und wohl auch das meiste andere des mosaischen Gesetzes. Aber mitten in dieser Vision heißt es: *„Was Gott gereinigt hat, das halte du nicht für gemein!"* Hat der Herr hier etwa die Speisegebote aufgehoben? Petrus kannte sich nicht aus. Vielleicht erinnerte er sich an eine Episode mit dem Herrn Jesus, als dieser mit den Pharisäern stritt:

„Hört mir alle zu und versteht! Nichts, was außerhalb des Menschen ist und in ihn hineinkommt, kann ihn verunreinigen; sondern was aus ihm herauskommt, das ist es, was den Menschen verunreinigt. Wenn jemand Ohren hat zu hören, der höre!" (Markus 7,14-16).

Und weil die Jünger es auch nicht begriffen, erklärte Er es ihnen gesondert:

„Seid auch ihr so unverständig? Begreift ihr nicht, dass alles, was von außen in den Menschen hineinkommt, ihn nicht verunreinigen kann? Denn es kommt nicht in sein Herz, sondern in den Bauch und wird auf dem natürlichen Weg, der alle Speisen reinigt, ausgeschieden.

Er sprach aber: Was aus dem Menschen herauskommt, das verunreinigt den Menschen. Denn von innen, aus dem Herzen des Menschen, kommen die bösen

Gedanken hervor, Ehebruch, Unzucht, Mord, Diebstahl, Geiz, Bosheit, Betrug,
Zügellosigkeit, Neid, Lästerung, Hochmut, Unvernunft. All dieses Böse kommt
von innen heraus und verunreinigt den Menschen." (Markus 7,18-23).

Wieder legt der Herr den Fokus auf das Herz, die Quelle aller Unreinigkeit.
Speisen hingegen verunreinigen uns nicht. Sie kommen von außen in den
Mund, dann in den Bauch und werden zuletzt wieder ausgeschieden, und
so – sagt Er – werden alle Speisen gereinigt; sprich, es gibt keinen Unterschied zwischen den Speisen. Begriffen haben sie das wahrscheinlich auch
nachher noch nicht, denn sonst wäre Petrus angesichts der Vision nicht so
entsetzt gewesen. Und auch jetzt verstand er es nicht, doch viel Zeit zum
Nachdenken blieb ihm nicht, denn die Boten des Kornelius standen bereits
vor der Tür.

Auf dem Weg von Joppe nach Cäsarea hatte der Apostel natürlich noch
mehr Zeit nachzudenken. Er sollte bei einem Unbeschnittenen zu Gast sein
und mit Heiden essen – hatte die Vision etwa damit zu tun? Bei der
Begrüßung scheint der Groschen gefallen zu sein:

„Und während er sich mit ihm unterredete, ging er hinein und fand viele
versammelt. Und er sprach zu ihnen: Ihr wisst, dass es einem jüdischen Mann
nicht erlaubt ist, mit einem Angehörigen eines anderen Volkes zu verkehren oder
sich ihm zu nahen; doch mir hat Gott gezeigt, dass ich keinen Menschen gemein
oder unrein nennen soll. Darum bin ich auch ohne Widerrede gekommen, als ich
hergerufen wurde.“ (Apostelgeschichte 10,27-29).

Das war es! Als Neil Armstrong den Mond betrat, soll er gesagt haben: *„Ein*
kleiner Schritt für den Menschen, ein riesiger Sprung für die Menschheit." Nicht
minder epochal war es für einen Judenchristen das Haus eines Heiden zu
betreten, denn es geht ja nicht nur um das Betreten des Hauses, sondern
auch um die Bewirtung, und nichts beachteten die Juden so streng wie die
mosaischen Speisegebote. Diese befestigten die Grenze zwischen Juden
und Nichtjuden und schlossen de facto jeglichen sozialen Kontakt aus.

Nun ist es im Gesetz des Moses zwar nicht verboten, über die Türschwelle eines Heiden zu treten, aber um nur ja nicht mit diesem essen zu müssen, haben die Juden einen sogenannten „Zaun um das Gesetz" errichtet. So war gewährleistet, dass sie das eigentliche Gesetz des Moses nicht übertreten, wenn sie es überhaupt vermieden das Haus zu betreten. Gegen diese „Überlieferungen der Ältesten" hat der Herr sich immer sehr klar und deutlich ausgesprochen, aber die Apostel waren durch und durch Juden und lebten in einem durch und durch jüdischen Umfeld. Darum war es für Petrus ein echter Meilenstein, als er gegen die kulturelle Norm verstoßend Kornelius' Haus betrat. Nicht nur, dass der Herr ihm verdeutlichte, dass alle Speisen rein sein, auch alle Menschen sind rein vor Gott. Nicht rein im Sinne von sündlos, aber rein im Sinne der Gleichheit vor dem Herrn. Kornelius berichtete dem Apostel nun von der Engelserscheinung und wie er die Boten ausgesandt hat. Erstaunlich war die Reaktion des Petrus darauf:

„Nun erfahre ich in Wahrheit, dass Gott die Person nicht ansieht, sondern dass in jedem Volk derjenige ihm angenehm ist, der ihn fürchtet und Gerechtigkeit übt!" (Apostelgeschichte 10,34-35).

Der Sonderstatus des Volkes Gottes ist gefallen! Gott geht es nicht um Abstammung und Blutlinien, sondern um den Glauben, der in der Liebe tätig ist. Nicht, dass uns das per se rettet – sonst wäre Jesus umsonst gestorben! – sondern als Haltung und Annäherung unsererseits, die Gott gefällt und uns gewogen macht. Darum hat Er es veranlasst, dass Petrus kommen würde, um diesem aufrichtigen Gottsucher das Evangelium zu verkünden. Dass es diese Botschaft ist, welche das Heil bringt, zeigt sich an dem Moment in der Predigt, an der etwas für Petrus und seine Begleiter völlig Unerwartetes geschah:

„Von diesem legen alle Propheten Zeugnis ab, dass jeder, der an ihn glaubt, durch seinen Namen Vergebung der Sünden empfängt. Während Petrus noch diese

Worte redete, fiel der Heilige Geist auf alle, die das Wort hörten." (Apostelgeschichte 10,43-44).

Kornelius' Glaube war noch nicht der rettende Glaube, aber ein Beweis Seines ernsthaften Bemühens, Gott zu gefallen. Dass er selbst trotz allem Sünden beging und der Vergebung bedurfte, war ihm sicherlich klar. Nun hörte er, dass im Namen Jesu Vergebung der Sünden angeboten wird, und zwar auf Basis des am Kreuz vergossenen Blutes. In dem Moment, da er dies hörte und zu glauben begann, fiel der Heilige Geist auf ihn und die anderen, die ebenso vom Wort getroffen wurden.

Erneut bekräftigte Gott auf diese Weise, dass Er keinen Unterschied mehr mache zwischen Juden und Heiden, was zu großer Verwunderung führte:

„Und alle Gläubigen aus der Beschneidung, die mit Petrus gekommen waren, gerieten außer sich vor Staunen, dass die Gabe des Heiligen Geistes auch über die Heiden ausgegossen wurde. Denn sie hörten sie in Sprachen reden und Gott hoch preisen. Da ergriff Petrus das Wort: Kann auch jemand diesen das Wasser verwehren, dass sie nicht getauft werden sollten, die den Heiligen Geist empfangen haben gleichwie wir? Und er befahl, dass sie getauft würden im Namen des Herrn." (Apostelgeschichte 10,45-48).

Das ist epochal, führt man sich vor Augen, dass sich das auserwählte Volk (heilsgeschichtlich zurecht!) stets als etwas Besonderes betrachtet hat, aber genau das ändert sich im Neuen Bund. Hieß es im Missionsbefehl nicht, alle Völker zu Jüngern zu machen? Bis jetzt haben die Apostel dies sträflich vernachlässigt und sich nur um die eigenen Volksgenossen gekümmert. Nun aber ist der erste Schritt aus den engen Grenzen des Judentums gemacht. Aber wie soll Petrus das den anderen sagen, seinen Glaubensbrüdern in Jerusalem, den anderen Aposteln? Es kommt zur Aussprache:

„Und die Apostel und die Brüder, die in Judäa waren, hörten, dass auch die Heiden das Wort Gottes angenommen hatten. Und als Petrus nach Jerusalem hinaufkam, machten die aus der Beschneidung ihm Vorwürfe und sprachen: Zu unbeschnit-

tenen Männern bist du hineingegangen und hast mit ihnen gegessen!" (Apostel-geschichte 11,1-3).

„Die aus der Beschneidung" waren nicht bloß eine kleine Gruppe; sie alle waren aus der Beschneidung, sprich: auch die übrigen Apostel waren verwirrt und vielleicht auch entsetzt. Also erzählte ihnen Petrus die ganze Geschichte und schloss mit den Worten:

„Wenn nun Gott ihnen die gleiche Gabe verliehen hat wie auch uns, nachdem sie an den Herrn Jesus Christus gläubig geworden sind, wer war ich denn, dass ich Gott hätte wehren können?

Als sie aber das hörten, beruhigten sie sich und priesen Gott und sprachen: So hat denn Gott auch den Heiden die Buße zum Leben gegeben!" (Apostelgeschichte 11,17-18).

Die erste Hürde in Gottes Plan, alle Völker zu erreichen, war genommen. Aber wie geht es weiter? Wie bringen wir die Heidenchristen jetzt dazu, das Gesetz des Moses zu halten und sich koscher zu ernähren? Ist das überhaupt nötig? Der nächste, noch viel größere Konflikt zieht herauf …

Das Apostelkonzil

Seit der Steinigung des Stephanus ist viel passiert. Durch die Zerstreuung breitete sich die Gemeinde in der ganzen Region aus, doch Christus begegnete dem verbissenen Christenverfolger Saulus auf der Straße nach Damaskus und verwandelte ihn zum Paulus. Daher kommt unser Sprichwort *„vom Saulus zum Paulus werden"*. Was für ein Wunder! Er sollte Gottes Hauptwerkzeug in der Heidenmission werden; die übrigen Judenchristen waren da noch sehr zurückhaltend und es wirkt wie „business as usual", wenn wir folgendes lesen.:

„Die nun, welche sich zerstreut hatten seit der Verfolgung, die sich wegen Stephanus erhoben hatte, zogen bis nach Phönizien und Zypern und Antiochia und redeten das Wort zu niemand als nur zu Juden." (Apostelgeschichte 11,19).

Aber es beginnt sich langsam zu verändern:

„Unter ihnen gab es aber einige, Männer aus Zypern und Kyrene, die, als sie nach Antiochia kamen, zu den Griechischsprechenden redeten und ihnen das Evangelium von dem Herrn Jesus verkündigten. Und die Hand des Herrn war mit ihnen, und eine große Zahl wurde gläubig und bekehrte sich zum Herrn." (Apostelgeschichte 11,20-21).

Die „Muttergemeinde" in Jerusalem kümmerte sich sofort um die junge Gemeinde in Antiochia und sandte den bewährten Barnabas dorthin.

„Und als er ankam und die Gnade Gottes sah, freute er sich und ermahnte alle, mit festem Herzen bei dem Herrn zu bleiben; denn er war ein guter Mann und voll Heiligen Geistes und Glaubens; und es wurde dem Herrn eine beträchtliche Menge hinzugetan." (Apostelgeschichte 11,23-24).

Barnabas holte noch Paulus aus Tarsus, und gemeinsam führten sie die junge Gemeinde tiefer in die Lehre der Apostel ein. Barnabas hatte stets ein Herz für Jungbekehrte; er stellte auch den frisch gläubigen Paulus den Aposteln vor, sodass sie ihre Furcht und Skepsis ihm gegenüber ablegen konnten. Nicht umsonst trug der Levit aus Zypern diesen Beinamen, der „Sohn des Trostes" bedeutet. Die Gemeinde in Antiochia war in guten Händen und wuchs. In Antiochia entstand die Bezeichnung „Christen" für die Jünger Jesu, die sich ansonsten „Der Weg" nannten. Von dort aus wurden Paulus und Barnabas dann auf ihre erste Missionsreise ausgesandt, die sie durch Kleinasien führte. Die Heidenmission war auf Schienen.

Antiochia war aber anders als Jerusalem, denn offenbar lehrten Paulus und Barnabas die Heidenchristen nicht, den ganzen Mose zu halten und koscher zu essen. Dennoch pflegte selbst Petrus herzliche Gemeinschaft mit ihnen; immerhin hatte er vom Herrn selbst gehört, dass die Speisegebote aufgehoben und alle Menschen rein seien. Doch das sahen nicht alle so.

„Und aus Judäa kamen einige herab und lehrten die Brüder: Wenn ihr euch nicht nach dem Gebrauch Moses beschneiden lasst, so könnt ihr nicht gerettet werden! Da nun Zwiespalt aufkam und Paulus und Barnabas eine nicht geringe Auseinandersetzung mit ihnen hatten, bestimmten sie, dass Paulus und Barnabas und einige andere von ihnen wegen dieser Streitfrage zu den Aposteln und Ältesten nach Jerusalem hinaufziehen sollten." (Apostelgeschichte 15,1-2).

Die Beschneidung ist von den Christen bis dahin noch gar nicht hinterfragt worden, aber in Antiochia wurde offenbar niemand mehr beschnitten, zumindest niemand von den Heidenchristen. Was hier in einem Satz zusammengefasst wird, war aber ein handfester Konflikt, über den uns Paulus im Galaterbrief noch mehr Informationen liefert:

„Als aber Petrus nach Antiochia kam, widerstand ich ihm ins Angesicht, denn er war im Unrecht. Bevor nämlich etliche von Jakobus kamen, aß er mit den Heiden; als sie aber kamen, zog er sich zurück und sonderte sich ab, weil er die aus der Beschneidung fürchtete. Und auch die übrigen Juden heuchelten mit ihm, so dass selbst Barnabas von ihrer Heuchelei mit fortgerissen wurde. Als ich aber sah, dass

sie nicht richtig wandelten nach der Wahrheit des Evangeliums, sprach ich zu Petrus vor allen: Wenn du, der du ein Jude bist, heidnisch lebst und nicht jüdisch, was zwingst du die Heiden, jüdisch zu leben?" (Galater 2,11-14).

Das mosaische Gesetz schreibt ja nicht nur die Beschneidung vor, sondern die ganze Lebensweise, wozu auch die Speisegebote gehören. All das spielte bei den Heidenchristen in Antiochia, sowie den auf der ersten Missionsreise durch Paulus und Barnabas gegründeten Gemeinden keine Rolle. Das irritierte die Judenchristen, die – anders als Petrus – keine Offenbarung Gottes empfangen hatten. Doch selbst Petrus ließ sich von der mächtig vorgetragenen Forderung einschüchtern, ja, sogar Barnabas! Daran sieht man, wie stark all das in den Herzen der Judenchristen verwurzelt war, und wie wenig durchdacht der Umgang mit den Heidenchristen noch war. Sie waren mit dem Wirken Gottes unter den Unbeschnittenen offensichtlich überfordert. Einzig Paulus schien hier bereits feste biblische Überzeugungen vertreten zu haben, und er konfrontierte Petrus ziemlich scharf, denn dieser hätte es besser wissen müssen.

In Antiochia ließ sich diese Frage nicht lösen, da mussten sie alle in Jerusalem zusammenkommen, um zu einer gesamtchristlichen Entscheidung zu finden, die in allen Gemeinden anerkannt würde. Auf dem Weg nach Jerusalem machten Paulus und Barnabas bei den Gemeinden am Weg immer wieder Halt und berichteten von ihren Erfahrungen auf den Missionsreisen. Die Freude über die Bekehrung der Heiden war groß, was der Lösung der brennenden Frage besonderen Nachdruck verlieh.

„Als sie aber nach Jerusalem kamen, wurden sie von der Gemeinde, den Aposteln und den Ältesten empfangen und berichteten alles, was Gott mit ihnen gewirkt hatte.

Aber einige von der Richtung der Pharisäer, die gläubig geworden waren, standen auf und sprachen: Man muss sie beschneiden und ihnen gebieten, das Gesetz

Moses zu halten! Da kamen die Apostel und die Ältesten zusammen, um diese Sache zu untersuchen." (Apostelgeschichte 15,4-6).

Man kann sich gut vorstellen, dass es bei der Diskussion anfangs sehr heiß herging. Die Pharisäer waren unter den Juden bereits für ihre unnachgiebige Strenge bekannt; nun sind viele Pharisäer auch gläubig geworden und trugen diese strenge Haltung auch in die Gemeinde hinein. Sie kannten es gar nicht anders, weshalb man ihnen auch keinen Vorwurf machen sollte. Im Grunde schienen sie ja Recht gehabt zu haben, wenn man das Gebot der Beschneidung im Gesetz des Moses liest; es scheint unverhandelbar. Aus dem Gesetz selbst geht, vordergründig betrachtet, ja auch nicht direkt hervor, dass es seine Gültigkeit verlieren sollte. Es schien ihnen alles so biblisch und klar. Doch dann antwortete Petrus:

„Ihr Männer und Brüder, ihr wisst, dass Gott lange vor diesen Tagen mitten unter uns die Heiden erwählt hat, dass sie durch meinen Mund das Wort des Evangeliums hören und zum Glauben kommen sollten. Und Gott, der die Herzen kennt, legte für sie Zeugnis ab, indem er ihnen den Heiligen Geist gab gleichwie uns; und er machte keinen Unterschied zwischen uns und ihnen, nachdem er ihre Herzen durch den Glauben gereinigt hatte.

Weshalb versucht ihr denn jetzt Gott, indem ihr ein Joch auf den Nacken der Jünger legt, das weder unsere Väter noch wir tragen konnten? Vielmehr glauben wir, dass wir durch die Gnade des Herrn Jesus Christus gerettet werden, auf gleiche Weise wie jene." (Apostelgeschichte 15,7-11).

Die Bekehrung des Kornelius lag nun schon mehrere Jahre zurück, und die Gewohnheit des konsequent gesetzestreuen Lebens hat wieder die Oberhand gewonnen. Die Rückblende des Petrus rückte Gottes Wirken aber wieder in den Fokus. Er war es doch, der die Herzen der Unbeschnittenen durch den Glauben gereinigt hatte! Und auch sie selbst wurden doch nicht durch das Halten des Gesetzes gerettet, sondern durch die Gnade Jesu Christi. Es gibt nur diesen einen Heilsweg, diesen einen Namen, durch den jeder Mensch, ob Jude oder Heide, errettet wird. Und das Gesetz? Das hat doch niemand von ihnen wirklich je auf Punkt und Beistrich gehalten, weder sie noch ihre Väter. Das Gesetz bezeichnet Petrus deshalb als ein schweres Joch, das man den Heidenchristen nicht auferlegen sollte.

Da schwiegen sie, und Paulus und Barnabas berichteten davon, was Gott alles unter den Heiden gewirkt hatte. Wohlgemerkt: Gott hat gehandelt – wer sind sie, dass sie dem Wirken Gottes widersprechen könnten? Wenn unsere wohldurchdachte biblische Theologie mit Gottes Wirken nicht zusammenpasst, kann es da sein, dass unsere Theologie nicht passt? Kann es sein, dass wir beim Studium der Schriften etwas übersehen haben? Tatsächlich meldet sich nun Jakobus zu Wort, eben jener Jakobus, auf den sich die „Eiferer" in Antiochia berufen hatten, und weist auf eine Stelle in den Propheten hin:

„Ihr Männer und Brüder, hört mir zu! Simon hat erzählt, wie Gott zuerst sein Augenmerk darauf richtete, aus den Heiden ein Volk für seinen Namen anzunehmen. Und damit stimmen die Worte der Propheten überein, wie geschrieben steht: »*Nach diesem will ich zurückkehren und die zerfallene Hütte Davids wieder aufbauen, und ihre Trümmer will ich wieder bauen und sie wieder aufrichten, damit die Übriggebliebenen der Menschen den Herrn suchen, und alle Heiden, über die mein Name ausgerufen worden ist, spricht der Herr, der all dies tut.*« *(Amos 9,11-12). Gott sind alle seine Werke von Ewigkeit her bekannt."* (Apostelgeschichte 15,13-18).

Es ging um Gottes Werke, die Er in den Propheten angekündigt hatte und nun verwirklichte. Das Königtum des Messias sollte alle Nationen umfassen, nicht nur die 12 Stämme Israels. Die Nationen sollten unter der Herrschaft des Sohnes Davids in das Volk Gottes eingegliedert werden, denn auch über ihnen ist der Name des Herrn ausgerufen. Aber den Nationen ist das Gesetz des Moses nie gegeben worden, es war exklusiv für Israel, um es gegenüber den Nationen abzugrenzen und hervorzuheben. Zudem haben die Juden selbst das Gesetz des Moses in aller Regel mehr gebrochen als befolgt, und ihnen allen ist bewusst, dass niemand durch das Halten des Gesetzes vor Gott gerecht sein kann, sondern einzig und allein durch die Gnade Gottes in Christus. Dieser Konsens bestand bereits in der Jerusalemer Versammlung. Wie aber soll es nun weitergehen?

„Darum urteile ich, dass man denjenigen aus den Heiden, die sich zu Gott bekehren, keine Lasten auflegen soll, sondern ihnen nur schreiben soll, sich von der Verunreinigung durch die Götzen, von der Unzucht, vom Erstickten und vom Blut zu enthalten. Denn Mose hat von alten Zeiten her in jeder Stadt solche, die ihn verkündigen, da er in den Synagogen an jedem Sabbat vorgelesen wird." (Apostelgeschichte 15,19-21).

Moses wird in allen jüdischen Synagogen gepredigt, doch das Gesetz führt niemanden zum Leben. Da Gott den Heiden bereits das Leben geschenkt hat, brauchen sie daher nicht mit dem belastet zu werden, das dieses Leben weder hervorbringen, noch ihm etwas hinzufügen kann. Allein vier Dinge soll man einfordern:

- Keinerlei Unzucht, sondern ein sittsames Leben im Sinne der biblischen Ehe.
- Keinerlei Verbindung mit dem Götzendienst, und auch kein Essen von Götzenopferfleisch.
- Kein Verzehr von Fleisch, das erstickt, also nicht ausgeblutet ist, in dem noch das (teils gestockte) Blut ist.
- Kein Essen oder Trinken von Blut an sich.

Warum diese vier Dinge? Diese gelten allen Menschen seit der Zeit, da man Fleisch essen durfte (nach der Sintflut); es sind keine auf Israel bezogenen Gesetze. Wir gehen darauf in einem späteren Kapitel genauer ein, doch das ist es, was Gott Noah und allen seinen Nachkommen nach der Flut anordnete und grundsätzlich für alle Menschen gültig ist:

„Und Gott segnete Noah und seine Söhne und sagte zu ihnen: Vermehrt euch und werdet zahlreich und füllt die Erde und werdet Herr über sie. Und Zittern vor

euch und Furcht wird bei allen Wildtieren der Erde sein und bei allen Vögeln des
Himmels und bei allem, was sich auf der Erde bewegt, und bei allen Fischen des
Meeres – zu Händen gebe ich sie euch. Und jedes Kriechtier, das lebt, wird euch
Nahrung sein; wie das Gemüse aus Grünpflanzen gebe ich euch alles. Indessen,
Fleisch im Blut der Seele werdet ihr nicht essen!" (Genesis 9,1-4).

Im Grunde wiederholt Gott den ursprünglichen Schöpfungsauftrag, erweitert aber den Speiseplan. Dabei macht Er keinerlei Unterscheidung zwischen reinen und unreinen Tieren, solches hat Er den Völkern der Welt nie auferlegt, und so soll es auch den Heidenchristen nicht auferlegt werden. Da unser Herr selbst ausdrücklich alle Speisen für rein erklärt hatte, waren auch die Judenchristen von Gott her nicht mehr daran gebunden. Dennoch hielten sie sich weiterhin daran, weil sie ja mitten unter Juden wohnten und es Teil ihrer Kultur war.

Darauf einigte man sich also in Jerusalem und verfasste einen Brief, der in allen Gemeinden verlesen wurde, als Paulus mit Silvanus auf seine zweite Missionsreise aufbrach. Wie ging es weiter damit?

Außerhalb Judäas und Jerusalems folgten die Judenchristen offenbar mehrheitlich der neuen Freiheit, wie Paulus sie in seinen Briefen immer wieder betont. In Jerusalem blieb aber alles beim Alten, und dieses Alte verfestigte sich. Als Paulus nach Jahren ein letztes Mal nach Jerusalem kam, begegnete man ihm mit einer gewissen Skepsis:

„Bruder, du siehst, welch große Zahl von Juden gläubig geworden ist, und alle
sind Eiferer für das Gesetz. Es ist ihnen aber über dich berichtet worden, du
würdest alle Juden, die unter den Heiden sind, den Abfall von Mose lehren und
sagen, sie sollten ihre Kinder nicht beschneiden und nicht nach den Gebräuchen
wandeln." (Apostelgeschichte 21,20-21).

Ob Paulus sich gefreut hat, das zu hören? Ich denke, es war wie ein Schlag in den Magen für ihn, aber er fügte sich dennoch demütig in die Gemeinde ein, als er dort weilte. Lehrte er die Judenchristen in den Gemeinden außerhalb Judäas tatsächlich den „Abfall von Moses"? In gewisser Weise ja, denn er lehrte nachdrücklich in allen seinen Briefen, dass im Neuen Bund weder Juden noch Heiden unter dem Gesetz seien. Das wollen wir uns nun auszugsweise anschauen …

Nicht länger unter dem Gesetz

Mit dem Apostelkonzil war die Sache zwar entschieden, aber noch nicht vollständig, denn die Entscheidung betraf nur die Heidenchristen. Die Bewertung des Gesetzes an sich war noch unklar; die Worte des Herrn über die Mangelhaftigkeit des mosaischen Gesetzes waren noch nicht angekommen. Dabei sagte schon Moses voraus, dass die Gültigkeit seiner Worte begrenzt sein würde:

„Einen Propheten wie mich wird der Herr, dein Gott, aus deinen Brüdern dir erstehen lassen; auf ihn sollt ihr hören, allem entsprechend, was du am Tage der Versammlung am Horeb erbeten hast vom Herrn, deinem Gott, als ihr sagtet: »Wir wollen nicht länger die Stimme des Herrn, unseres Gottes, hören, und dieses große Feuer wollen wir nicht mehr sehen und wir möchten keinesfalls sterben.«" (Deuteronomium 18,15-16).

Gott würde einen Propheten wie Moses aus dem Volk Israel erwecken. Was bedeutet „wie mich"? Von gleicher Autorität, von gleicher Bedeutung, bzw. er würde wie Moses ein Befreier und Gesetzgeber sein. Damit kündigt er einen heilsgeschichtlichen Epochenwechsel an; dieser Prophet tritt an die Stelle all dessen, was Moses gesagt und getan hat. Das ganze Volk solle auf ihn hören. Warum das? Weil das Volk am Horeb (bzw. am Berg Sinai) sagte: *»Wir wollen nicht länger die Stimme des Herrn, unseres Gottes, hören, und dieses große Feuer wollen wir nicht mehr sehen und wir möchten keinesfalls sterben.«* Es war ihnen offenbar bewusst, dass das Gesetz des Moses kein Leben bringen würde, sondern den Tod. Der neue Prophet ist die Antwort Gottes auf diesen Ausruf des Volkes, er wird also genau dem Abhilfe schaffen, indem er uns Gottes Gnade und das ewige Leben vermittelt.

Auf dem Berg der Verklärung erschienen neben dem Herrn Jesus Moses und der Prophet Elias, diese beiden repräsentieren das Gesetz und die Propheten. Aus der Wolke, die sie überschattete, tönte Gottes Stimme:

„Dies ist mein geliebter Sohn, an dem ich Wohlgefallen habe; auf ihn sollt ihr hören." (Matthäus 17,5).

Unmittelbar darauf verschwanden Moses und Elias. Was wollte der Herr damit sagen? Ist es nicht offensichtlich? Dieses Ereignis ist das Gegenstück zur Prophezeiung des Moses über den kommenden Propheten. An die Stelle von Gesetz und Propheten tritt nun Christus, auf den das Gesetz und die Propheten beständig hinwiesen. Er ist die Erfüllung des Gesetzes und der Propheten, in Ihm kommen sie an ihr Ziel, Er löst sie als Autorität und Bezugspunkt ab.

Es dauerte recht lange, bis sich diese Erkenntnis gegen die von den Vätern überkommenen Traditionen durchsetzen würde. Wir können es ihnen kaum verdenken, und die zahlreichen Diskussionen, Unsicherheiten und Missverständnisse unter den ersten Christen sind nachvollziehbar. Vor allem in den Briefen des Paulus wird diese Erkenntnis nun weiter entfaltet und vertieft, die in Ansätzen schon in der Apostelgeschichte dämmerte.

An die Galater schreibt er:

„Wir sind zwar von Natur Juden und nicht Sünder aus den Heiden; doch weil wir erkannt haben, dass der Mensch nicht aus Werken des Gesetzes gerechtfertigt wird, sondern durch den Glauben an Jesus Christus, so sind auch wir an Christus Jesus gläubig geworden, damit wir aus dem Glauben an Christus gerechtfertigt würden und nicht aus Werken des Gesetzes, weil aus Werken des Gesetzes kein Fleisch gerechtfertigt wird." (Galater 2,15-16).

Das Halten des Gesetzes rechtfertigt niemanden, weder Heiden noch Juden, weil es im „besten" Fall nur die Gerechtigkeit der Schriftgelehrten und Pharisäer hervorbringt, die wir aber bei weitem übertreffen müssen, um ins Reich Gottes zu gelangen! Das Gesetz verurteilt uns, es tötet uns, aber es macht nicht lebendig.

An die Römer schreibt Paulus sehr nachdrücklich zu diesem Thema:

„Darum bist du nicht zu entschuldigen, o Mensch, wer du auch seist, der du richtest! Denn worin du den anderen richtest, verurteilst du dich selbst; denn du, der du richtest, verübst ja dasselbe! Wir wissen aber, dass das Gericht Gottes der Wahrheit entsprechend über die ergeht, welche so etwas verüben." (Römer 2,1-2).

Niemand soll von sich selbst auch nur ansatzweise denken, er sei besser als der Sünder, auf den er mit dem Finger zeigt. Jeder tut im Wesentlichen dasselbe, jeder einzelne Mensch bricht Gottes Gesetz, egal ob Jude oder Nichtjude. Das schreibt der Apostel besonders seinen selbstgerechten Volksgenossen ins Stammbuch:

„Siehe, du nennst dich einen Juden und verlässt dich auf das Gesetz und rühmst dich Gottes, und kennst seinen Willen und verstehst zu prüfen, worauf es ankommt, weil du aus dem Gesetz unterrichtet bist; und du traust dir zu, ein Leiter der Blinden zu sein, ein Licht derer, die in der Finsternis sind, ein Erzieher der Unverständigen, ein Lehrer der Unmündigen, der den Inbegriff der Erkenntnis und der Wahrheit im Gesetz hat: Nun also, du lehrst andere, dich selbst aber lehrst du nicht? Du verkündigst, man solle nicht stehlen, und stiehlst selber? Du sagst, man solle nicht ehebrechen, und brichst selbst die Ehe? Du verabscheust die Götzen und begehst dabei Tempelraub? Du rühmst dich des Gesetzes und verunehrst doch Gott durch Übertretung des Gesetzes? Denn der Name Gottes wird um euretwillen gelästert unter den Heiden, wie es geschrieben steht." (Römer 2,17-24).

Paulus zieht einen vernichtenden Schluss:

„Wir wissen aber, dass das Gesetz alles, was es spricht, zu denen sagt, die unter dem Gesetz sind, damit jeder Mund verstopft werde und alle Welt vor Gott schuldig sei, weil aus Werken des Gesetzes kein Fleisch vor ihm gerechtfertigt werden kann; denn durch das Gesetz kommt Erkenntnis der Sünde." (Römer 3,19-20).

Es macht also überhaupt keinen Sinn, sich des Gesetzes zu rühmen, denn während ich meinetwegen koscher esse und den Sabbat halte, breche ich andererseits dutzende andere Gesetze. Niemand hält das ganze Gesetz, und selbst wenn ihm das gelänge, wäre es doch nur das „halbvolle" Gesetz, aber nicht das Vollmaß, welches Christus brachte. Jeder steht schuldig und beschämt vor Gott; und wenn jemand sich das nicht eingestehen will und seine Fehltritte vor den Menschen geschickt verbirgt, so ist er ein Heuchler, der aber Gott nicht hinters Licht führen kann. Etwas später beschreibt Paulus, wie er als gesetzestreuer und äußerst vorbildlicher Jude am Gesetz scheiterte:

„Aber ich hätte die Sünde nicht erkannt, außer durch das Gesetz; denn von der Begierde hätte ich nichts gewusst, wenn das Gesetz nicht gesagt hätte: Du sollst nicht begehren! Da nahm aber die Sünde einen Anlass durch das Gebot und bewirkte in mir jede Begierde; denn ohne das Gesetz ist die Sünde tot. Ich aber lebte, als ich noch ohne Gesetz war; als aber das Gebot kam, lebte die Sünde auf, und ich starb; und eben dieses Gebot, das zum Leben gegeben war, erwies sich für mich als todbringend. Denn die Sünde nahm einen Anlass durch das Gebot und verführte mich und tötete mich durch dasselbe." (Römer 7,7-11).

Jeder kennt das: Gebote aller Art reizen zum Widerspruch. Grenzen wollen wir verschieben. Wir wollen uns keinem fremden Willen beugen (auch Gottes Willen nicht), sondern den eigenen Willen durchsetzen. Wir wollen unsere Begierden nicht zügeln, sondern ausleben. Wir wollen unseren Besitz festhalten und vermehren, anstatt davon zu lassen und zu teilen. Jeder hat seine eigenen besonderen Schwachpunkte, und die wenigen Bereiche, wo wir als vorbildlich gelten können, dürfen uns über dieses „Gesetz der Sünde" in uns nicht hinwegtäuschen. Dieses Gesetz der Sünde in uns macht das Gesetz Gottes kraft- und wirkungslos. Das Gesetz kann unser Herz nicht verändern, darum kann es uns nur überführen, verdammen und töten. Aber dazu ist es gut, indem es uns den Spiegel vorhält, wie Paulus es erschrocken in seinem eigenen Leben zur Kenntnis nehmen musste. Da war sein pharisäischer Stolz gebrochen, weshalb er seine Selbstgerechtigkeit nur mehr als Schaden und Dreck bezeichnete:

„Aber was mir Gewinn war, das habe ich um des Christus willen für Schaden geachtet; ja, wahrlich, ich achte alles für Schaden gegenüber der alles übertreffenden Erkenntnis Christi Jesu, meines Herrn, um dessentwillen ich alles eingebüßt habe; und ich achte es für Dreck, damit ich Christus gewinne und in ihm erfunden werde, indem ich nicht meine eigene Gerechtigkeit habe, die aus dem Gesetz kommt, sondern die durch den Glauben an Christus, die Gerechtigkeit aus Gott aufgrund des Glaubens, um Ihn zu erkennen und die Kraft seiner Auferstehung und die Gemeinschaft seiner Leiden, indem ich seinem Tod gleichförmig werde, damit ich zur Auferstehung aus den Toten gelange." (Philipper 3,7-11).

Das Gesetz selbst ist dabei weder böse noch unser Feind. So seltsam es klingt, das Gesetz ist unser Freund, weil es uns hilft zu erkennen, wie wir wirklich sind, damit wir aufhören, uns selbst, unseren Nächsten und Gott etwas vorzumachen.

„So ist nun das Gesetz heilig, und das Gebot ist heilig, gerecht und gut. Hat nun das Gute mir den Tod gebracht? Das sei ferne! Sondern die Sünde hat, damit sie als Sünde offenbar werde, durch das Gute meinen Tod bewirkt, damit die Sünde überaus sündig würde durch das Gebot. … Denn ich weiß, dass in mir, das heißt in meinem Fleisch, nichts Gutes wohnt." (Römer 7,12-13.18).

Jeder einzelne Mensch muss an diesen Punkt kommen, und es ist offensichtlich, dass es eine Illusion ist, durch noch so bemühtes Halten des Gesetzes mit Gott ins Reine zu kommen. Das ist ein Ding der Unmöglichkeit. So brutal es klingen mag: Das Gesetz muss uns erst in die Verzweiflung treiben, damit wir gerettet werden können:

„Ich elender Mensch! Wer wird mich erlösen von diesem Todesleib? Ich danke Gott durch Jesus Christus, unseren Herrn!" (Römer 7,24-25).

Darum ist die große Schlussfolgerung, die Paulus zieht, jene wuchtige Feststellung:

„Wo bleibt nun das Rühmen? Es ist ausgeschlossen! Durch welches Gesetz? Das der Werke? Nein, sondern durch das Gesetz des Glaubens! So kommen wir nun zu dem Schluss, dass der Mensch durch den Glauben gerechtfertigt wird, ohne Werke des Gesetzes. Oder ist Gott nur der Gott der Juden und nicht auch der Heiden? Ja freilich, auch der Heiden! Denn es ist ja ein und derselbe Gott, der die Beschnittenen aus Glauben und die Unbeschnittenen durch den Glauben rechtfertigt.“ (Römer 3,27-30).

Paulus muss nun denselben Vorwurf beantworten, den auch der Herr beantworten musste:

„Heben wir nun das Gesetz auf durch den Glauben? Das sei ferne! Vielmehr bestätigen wir das Gesetz.“ (Römer 3,31).

Nein, auch Christus ist nicht gekommen, das Gesetz aufzulösen, sondern es auf das Vollmaß zu bringen. Kein Strichlein und nicht der kleinste Buchstabe des Gesetzes werden vergehen, bis alles, wovon Gesetz und Propheten sprachen, ins Dasein getreten ist. Und das ist Christus, der das Ziel des Gesetzes ist. Der todbringende Buchstabe des Gesetzes treibt uns also in die Arme des Erlösers.

Paulus bringt nun ein Beispiel aus dem Gesetz – das sind die fünf Bücher Moses –, um das zu belegen:

„Was wollen wir denn sagen, dass Abraham, unser Vater, nach dem Fleisch erlangt hat? Wenn nämlich Abraham aus [Gesetzes-]Werken gerechtfertigt worden ist, hat er zwar Ruhm, aber nicht vor Gott. Denn was sagt die Schrift? »Abraham aber glaubte Gott, und das wurde ihm als Gerechtigkeit angerechnet«. Wer aber [Gesetzes-]Werke verrichtet, dem wird der Lohn nicht aufgrund von Gnade angerechnet, sondern aufgrund der Verpflichtung; wer dagegen keine [Gesetzes-]Werke verrichtet, sondern an den glaubt, der den Gottlosen rechtfertigt, dem wird sein Glaube als Gerechtigkeit angerechnet.“ (Römer 4,1-5).

Paulus stellt eine Frage, welche jenen helfen sollte, welche immer noch an die Notwendigkeit der Beschneidung glaubten, denn diese Frage schwelte glühend weiter, bereit, sich erneut zum Vollbrand auszubreiten.

„Wir sagen ja, dass dem Abraham der Glaube als Gerechtigkeit angerechnet worden ist. Wie wurde er ihm nun angerechnet? Als er beschnitten oder als er noch unbeschnitten war? Nicht als er beschnitten, sondern als er noch unbeschnitten war! Und er empfing das Zeichen der Beschneidung als Siegel der Gerechtigkeit des Glaubens, den er schon im unbeschnittenen Zustand hatte, damit er ein Vater aller unbeschnittenen Gläubigen sei, damit auch ihnen die Gerechtigkeit angerechnet werde ..." (Römer 4,9-11).

Die Beschneidung ist nichts, wenn man nicht glaubt, wie Abraham geglaubt hat:

„... und auch ein Vater der Beschnittenen, die nicht nur aus der Beschneidung sind, sondern die auch wandeln in den Fußstapfen des Glaubens, den unser Vater Abraham hatte, als er noch unbeschnitten war." (Römer 4,12).

Daran sehen wir auch, dass es Paulus nicht um einen theoretischen Glauben geht, sondern um einen Nachfolgeglauben, der im Vertrauen auf Gott tut, was Er sagt. Da geht es nicht um das Gesetz, sondern um Glaubensschritte wie den Aufbruch aus seiner Heimatstadt, das geduldige Warten auf den verheißenen Sohn, das Leben in Zelten, ohne sich mit den Kanaanitern zu verbrüdern, sowie sein Gebetsleben. Paulus spannt den Bogen zu Christus:

„Es steht aber nicht allein um seinetwillen geschrieben, dass es ihm angerechnet worden ist, sondern auch um unsertwillen, denen es angerechnet werden soll, wenn wir an den glauben, der unseren Herrn Jesus aus den Toten auferweckt hat, ihn, der um unserer Übertretungen willen dahingegeben und um unserer Rechtfertigung willen auferweckt worden ist." (Römer 4,23-25).

Das Kreuz, Jesu Tod und Auferstehung, sollen im Zentrum unseres Glaubens stehen, denn dieses Kreuz und diese Auferstehung haben direkt mit dem Gesetz der Sünde in unserem Fleisch zu tun. Etwas später kommt Paulus auf die Taufe und damit unsere neue Geburt durch den Heiligen Geist zu sprechen, wodurch deutlich wird, wie Gott unser tiefsitzendes Sündenproblem löst. Die Vergebung der Sünden alleine reicht nämlich nicht, die Sünde selbst muss außer Kraft gesetzt werden.

„Was wollen wir nun sagen? Sollen wir in der Sünde verharren, damit das Maß der Gnade voll werde? Das sei ferne! Wie sollten wir, die wir der Sünde gestorben sind, noch in ihr leben? Oder wisst ihr nicht, dass wir alle, die wir in Christus Jesus hinein getauft sind, in seinen Tod getauft sind? Wir sind also mit ihm begraben worden durch die Taufe in den Tod, damit, gleichwie Christus durch die Herrlichkeit des Vaters aus den Toten auferweckt worden ist, so auch wir in einem neuen Leben wandeln.“ (Römer 6,1-4).

Wäre das Evangelium nur eine Botschaft der Sündenvergebung, würden wir in der Sünde bleiben und ständig die Vergebungsbereitschaft Gottes strapazieren. Das würde den Herrn Jesus tatsächlich zu einem Diener der Sünde machen (vgl. Galater 2,17); schlimmer könnte Er wohl kaum entehrt werden! Nun geschieht aber etwas in der Taufe: Wir werden in den Tod Christi hineingetauft, wir werden mit Ihm gekreuzigt! Nicht nur das, wir werden mit Ihm zu einem neuen Leben auferweckt, in dem das Gesetz der Sünde außer Kraft gesetzt ist. Das ist das Wesen der neuen Geburt aus Wasser und Geist!

„Denn wenn wir mit ihm einsgemacht und ihm gleich geworden sind in seinem Tod, so werden wir ihm auch in der Auferstehung gleich sein; wir wissen ja dieses, dass unser alter Mensch mitgekreuzigt worden ist, damit der Leib der Sünde außer Wirksamkeit gesetzt sei, so dass wir der Sünde nicht mehr dienen; denn wer gestorben ist, der ist von der Sünde freigesprochen.“ (Römer 6,5-7).

Das müssen wir als Realität anerkennen, weil es die Realität ist, wenn wir uns im Glauben an Christus taufen lassen und die Gabe des Heiligen Geistes empfangen. Wir sind damit frei von dem Gesetz der Sünde in uns, und es gibt keinen Zwang mehr in uns, dass wir sündigen müssen. Nun gilt es, aus dieser neuen Geburt heraus zu lernen, dementsprechend zu leben. So wie die ersten Christen gewohnheitsmäßig noch am Gesetz des Moses festhielten, obwohl sie davon durch das Blut Christi losgekauft wurden (Galater 4,4), so halten wir oft noch gewohnheitsmäßig an sündhaften Denk- und Verhaltensmustern fest, die wir ablegen müssen.

„Haltet euch selbst dafür, dass ihr für die Sünde tot seid, aber für Gott lebt in Christus Jesus, unserem Herrn! So soll nun die Sünde nicht herrschen in eurem sterblichen Leib, damit ihr der Sünde nicht durch die Begierden des Leibes gehorcht; gebt auch nicht eure Glieder der Sünde hin als Werkzeuge der Ungerechtigkeit, sondern gebt euch selbst Gott hin als solche, die lebendig geworden sind aus den Toten, und eure Glieder Gott als Werkzeuge der Gerechtigkeit! Denn die Sünde wird nicht herrschen über euch, weil ihr nicht unter dem Gesetz seid, sondern unter der Gnade." (Römer 6,11-14).

Wir sind nicht nur nicht mehr unter der Sünde, sondern auch nicht länger unter dem Gesetz. Auch das ist eine Wirkung der neuen Geburt, da wir mit Christus nicht nur gegenüber der Sünde tot sind, sondern auch gegenüber dem Tod (Römer 6,8-10), der Welt (Galater 6,14) und dem Gesetz des Moses:

„Oder wisst ihr nicht, Brüder – denn ich rede ja mit Gesetzeskundigen –, dass das Gesetz nur so lange über den Menschen herrscht, wie er lebt? Denn die verheiratete Frau ist durchs Gesetz an ihren Mann gebunden, solange er lebt; wenn aber der Mann stirbt, so ist sie von dem Gesetz des Mannes befreit. So wird sie nun bei Lebzeiten des Mannes eine Ehebrecherin genannt, wenn sie einem anderen Mann zu eigen wird; stirbt aber der Mann, so ist sie vom Gesetz frei, so dass sie keine Ehebrecherin ist, wenn sie einem anderen Mann zu eigen wird.

Also seid auch ihr, meine Brüder, dem Gesetz getötet worden durch den Leib des Christus, damit ihr einem anderen zu eigen seid, nämlich dem, der aus den Toten auferweckt worden ist, damit wir Gott Frucht bringen. ...

Jetzt aber sind wir vom Gesetz frei geworden, da wir dem gestorben sind, worin wir festgehalten wurden, so dass wir im neuen Wesen des Geistes dienen und nicht im alten Wesen des Buchstabens." (Römer 7,1-4.6).

So wird nun klar, was wir weiter vorne vielleicht noch nicht verstanden haben, dass nämlich Jesus gekommen ist und unter dem Gesetz lebte, um uns vom Gesetz loszukaufen. Denn das Gesetz bringt uns den Tod, Christus aber das ewige Leben. Damit sind wir keineswegs „gesetzlos", sondern unter einem neuen Gesetz, einem neuen Lebensprinzip, welches diese bessere Gerechtigkeit in uns bewirkt, welche jene der Schriftgelehrten und Pharisäer bei weitem übertrifft:

„Denn das Gesetz des Geistes des Lebens in Christus Jesus hat mich frei gemacht von dem Gesetz der Sünde und des Todes. Denn was dem Gesetz unmöglich war – weil es durch das Fleisch kraftlos war –, das tat Gott, indem er seinen Sohn sandte in der gleichen Gestalt wie das Fleisch der Sünde und um der Sünde willen und die Sünde im Fleisch verurteilte, damit die vom Gesetz geforderte Gerechtigkeit in uns erfüllt würde, die wir nicht gemäß dem Fleisch wandeln, sondern gemäß dem Geist." (Römer 8,2-4).

Jetzt könnte man Paulus gegenüber einwenden, dass das unrealistisch ist, denn wir leben ja noch im selben Körper (Fleisch), und dieselben Begierden und Triebe sind immer noch aktiv. Das stimmt, aber wir sind dennoch unter diesem neuen Gesetz und dem alten nicht mehr unterworfen. Praktisch bedeutet das:

„Denn das Trachten des Fleisches ist Tod, das Trachten des Geistes aber Leben und Frieden, weil nämlich das Trachten des Fleisches Feindschaft gegen Gott ist; denn es unterwirft sich dem Gesetz Gottes nicht, und kann es auch nicht; und die im Fleisch sind, können Gott nicht gefallen.

Ihr aber seid nicht im Fleisch, sondern im Geist, wenn wirklich Gottes Geist in euch wohnt; wer aber den Geist des Christus nicht hat, der ist nicht sein. Wenn aber Christus in euch ist, so ist der Leib zwar tot um der Sünde willen, der Geist aber ist Leben um der Gerechtigkeit willen. Wenn aber der Geist dessen, der Jesus aus den Toten auferweckt hat, in euch wohnt, so wird derselbe, der Christus aus den Toten auferweckt hat, auch eure sterblichen Leiber lebendig machen durch seinen Geist, der in euch wohnt.

So sind wir also, ihr Brüder, dem Fleisch nicht verpflichtet, gemäß dem Fleisch zu leben! Denn wenn ihr gemäß dem Fleisch lebt, so müsst ihr sterben; wenn ihr aber durch den Geist die Taten des Leibes tötet, so werdet ihr leben. Denn alle, die durch den Geist Gottes geleitet werden, die sind Söhne Gottes." (Römer 8,6-14).

Es gehört zu den wichtigsten Lernschritten in der Jüngerschaft, diesen Kampf zwischen Geist und Fleisch zu verstehen und richtig zu führen. Wenn wir im Geist wandeln, d.h. unter Seiner Leitung und in Seiner Kraft, dann werden wir die Werke des Fleisches nicht vollbringen.

Dazu gibt es viel zu sagen, denn unser ganzes Christenleben ist davon betroffen. Was ist nun die Summe dessen? Wir sind nicht mehr unter dem Gesetz. Das mosaische Gesetz ist nicht länger unsere Richtschnur, weil es nicht das Leben, sondern den Tod bringt, weil es die bessere Gerechtigkeit nicht bewirken kann, weil es uns weder rechtfertigen kann noch den Wandel im Geist in irgendeiner Weise ergänzen oder bereichern würde. Wir sind davon befreit, was seit jeher ein unerträgliches Joch war.

Dennoch treten immer wieder Einzelfragen auf, die wir der Reihe nach in den nächsten Kapiteln betrachten werden.

Warum ein neuer Bund?

Wir sind es gewöhnt vom Alten und Neuen Testament zu sprechen, denn so sind unsere Bibeln unterteilt. Das ist aber nicht besonders treffend. Besser wäre es von den *Schriften* des Alten und Neuen Bundes zu reden, wobei auch das nicht ganz zutreffend ist, da dadurch (a) der Eindruck erweckt wird, die Schriften des Alten Bundes betreffen uns nicht, und (b) zumindest das Buch Genesis Berichte enthält, die *vor* dem eigentlichen Alten Bund (den Bund vom Berg Sinai) geschahen und wir, als Söhne Abrahams durch den Glauben, in den Bund Gottes mit Abraham eingeschlossen sind. Nein, sie alle sind unsere Heiligen Schriften, die wir aber im Licht des Neuen Bundes lesen sollen.

„Du aber bleibe in dem, was du gelernt hast und was dir zur Gewissheit geworden ist, da du weißt, von wem du es gelernt hast, und weil du von Kindheit an die heiligen Schriften kennst, welche die Kraft haben, dich weise zu machen zur Errettung durch den Glauben, der in Christus Jesus ist.

Alle Schrift ist von Gott eingegeben und nützlich zur Belehrung, zur Überführung, zur Zurechtweisung, zur Erziehung in der Gerechtigkeit, damit der Mensch Gottes ganz zubereitet sei, zu jedem guten Werk völlig ausgerüstet.“ (2. Timotheus 3,14-17).

Was ist ein Bund? Das griechische Wort dafür ist (διαθήκη / diathḗkē) und bedeutet einerseits ein Bundes- oder Vertragsverhältnis, andererseits aber auch ein Testament, in dem verfügt wird, was mit der Hinterlassenschaft des Verblichenen geschehen soll.[7] Wenn wir das Wort Testament gebrauchen, geht uns eventuell der Bundescharakter verloren, andererseits verbinden wir die Begriffe Altes und Neues Testament auch nicht mit dem Tod eines Erblassers. Was Kommunikation allgemein so schwer macht, sind die babylonische Sprachverwirrung und die Eigendynamik religiöser

---

[7] Das hebräische (ברית / berîyth) hat diesen zweiten Aspekt nicht.

Begriffsbildungen, sodass viele inhalts*schwere* Begriffe für uns inhalts*leer* werden.

Der erste Bund, der ausdrücklich so genannt wird, ist der Bund Gottes mit Noah, welcher der ganzen von ihm abstammenden Menschheit gilt, und zwar bis heute, denn es ist kein Bund, der sich auf die Erlösung bezieht, sondern den Rahmen für das Leben in der Welt nach der Sintflut absteckt. Deshalb ist es wichtig, die Satzungen des Bundes vollständig in Erinnerung zu rufen; dieser erste Bundesschluss zeigt uns auch die Prinzipien, welche im Grunde jeden Bund Gottes mit Menschen kennzeichnen:

„Und Noah erbaute Gott eine Opferstätte und nahm von allen reinen Haustieren und von allen reinen Flugtieren und brachte Ganzfeueropfer auf der Opferstätte dar. Und Gott der Herr roch Duft von Wohlgeruch. Und Gott der Herr sagte, indem er dachte: Ich werde nicht noch einmal die Erde verfluchen wegen der Taten der Menschen, weil das Denken des Menschen ganz versessen auf das Böse ist, von Kindheit an. Ich werde nicht noch einmal jedes lebende Fleisch schlagen, wie ich es gemacht habe. Für alle Tage der Erde werden Aussaat und Ernte, Kälte und Hitze, Sommer und Frühling nicht aufhören, bei Tag und bei Nacht.

Und Gott segnete Noah und seine Söhne und sagte zu ihnen: Vermehrt euch und werdet zahlreich und füllt die Erde und werdet Herr über sie. Und Zittern vor euch und Furcht wird bei allen Wildtieren der Erde sein und bei allen Vögeln des Himmels und bei allem, was sich auf der Erde bewegt, und bei allen Fischen des Meeres – zu Händen gebe ich sie euch.

Und jedes Kriechtier, das lebt, wird euch Nahrung sein; wie das Gemüse aus Grünpflanzen gebe ich euch alles. Indessen, Fleisch im Blut der Seele werdet ihr nicht essen! Denn auch euer Blut eurer Seelen werde ich einfordern, aus der Hand aller Wildtiere werde ich es einfordern und aus der Hand des Menschen als einem Bruder werde ich die Seele des Menschen einfordern. Derjenige, der das Blut eines Menschen vergießt, für dessen Blut wird (sein eigenes) vergossen werden; denn nach dem Bild Gottes habe ich den Menschen gemacht. Ihr aber, vermehrt euch und werdet zahlreich und füllt die Erde und werdet zahlreich auf ihr.

Und Gott sagte zu Noah und zu seinen Söhnen mit ihm folgendermaßen: Siehe, ich stelle meine Verfügung auf für euch und für eure Nachkommenschaft nach euch und für jede Seele, die mit euch lebt von den Vögeln und von den Haustieren, und für alle Wildtiere der Erde, von all denen, die aus dem Kasten herausgekommen sind. Und ich werde meine Verfügung für euch aufstellen. Und nicht noch einmal wird jedes Fleisch sterben durch das Wasser der Flut und nicht noch einmal wird es eine Flut an Wasser geben, um die ganze Erde zu vernichten.

Und Gott der Herr sagte zu Noah: Dies ist das Zeichen der Verfügung, das ich gebe zwischen mir und euch und zwischen jeder lebenden Seele, die mit euch ist, für ewige Generationen. Meinen Bogen setze ich in die Wolke und er wird Zeichen der Verfügung zwischen mir und der Erde sein. Und dann, wenn ich Wolken über der Erde bilde, wird es sein, dass mein Bogen in der Wolke sichtbar wird. Und ich werde mich an meine Verfügung erinnern, die zwischen mir und euch und zwischen jeder lebenden Seele in jedem Fleisch besteht, und nicht noch einmal wird das Wasser eine Flut sein, um jedes Fleisch auszulöschen. Und der Bogen wird in der Wolke sein und ich werde (auf ihn) sehen, um mich an die ewige Verfügung zwischen mir und zwischen jeder lebenden Seele in jedem Fleisch, das auf der Erde ist, zu erinnern. Und Gott sagte zu Noah: Dies ist das Zeichen der Verfügung, die ich verfügt habe zwischen mir und zwischen jedem Fleisch, das auf der Erde ist." (Genesis 8,20-9,17).

Wir sehen in diesem Text

- ein Opfer
- einen Segen
- einen Auftrag
- einige Regeln
- verbindliche Zusagen Gottes
- den Geltungsbereich

- ein Bundeszeichen

Das Opfer weist auf Christus hin; der Segen ist die Fruchtbarkeit; der Auftrag lautet, sich zu vermehren und über die Schöpfung zu herrschen; die Regeln betreffen Speise*freiheit* ausgenommen das Blut, sowie menschliche Gerichtsbarkeit; die Zusagen Gottes beinhalten den Wechsel von Jahreszeiten, Saat und Ernte, und dass es keine Sintflut mehr geben werde; der Bund umfasst alle Menschen, die von Noahs Familie abstammen werden durch alle Generationen; das Bundeszeichen ist der Regenbogen. Alles außer dem Opfer selbst ist noch in Kraft.

Da die Menschheit aber beim Turmbau von Babel den Auftrag verweigerte, erwählte Gott Abraham, um aus ihm ein Volk zu machen, durch das der Erlöser kommen sollte. Mit Abraham schloss Gott diesen Bund:

„Nach diesen Ereignissen aber erging ein Wort des Herrn an Abram. In einer Erscheinung sagte er: Fürchte dich nicht, Abram; ich halte meinen Schild über dich. Dein Lohn wird überaus groß sein. Abram aber sagt: Herrscher, was wirst du mir geben? Ich aber gehe kinderlos dahin; der Sohn aber der Masek, meiner Haussklavin, das ist Damaskos Eliezer. Und Abram sagte: Da du mir keine Nachkommenschaft gegeben hast, wird dieser, mein Haussklave, mein Erbe sein.

Und sofort erging die Stimme Gottes an ihn, er sagte: Nicht dieser wird dein Erbe sein, sondern der, der aus dir kommen wird, der wird dein Erbe sein. Er führte ihn aber nach draußen und sagte zu ihm: Blicke auf zum Himmel und zähle die Sterne, wenn du sie vollständig wirst zählen können. Und er sagte: So wird deine Nachkommenschaft sein. Und Abram glaubte Gott und es wurde ihm als Gerechtigkeit angerechnet.

Er aber sagte zu ihm: Ich bin der Gott, der dich aus dem Land der Chaldäer herausgeführt hat, um dir dieses Land zu geben, dass du es als Besitz bekommst. Er aber sagte: Herrscher, Herr, an was werde ich erkennen, dass ich es als Besitz bekommen werde?

Er aber sagte zu ihm: Nimm für mich eine junge Kuh von drei Jahren und eine Ziege von drei Jahren und einen Widder von drei Jahren und eine Turteltaube und eine Haustaube. Er nahm aber für ihn alle diese und teilte sie in der Mitte durch und legte sie einander gegenüber, die Vögel aber zerteilte er nicht. Vögel aber kamen auf die Körper herab, auf ihre Hälften, und Abram setzte sich neben sie. Bei Sonnenuntergang aber befiel Abram eine Entrückung, und siehe, Angst, groß und dunkel, befällt ihn.

Und es wurde zu Abram gesagt: Du wirst untrüglich erkennen, dass deine Nachkommenschaft fremd sein wird in einem Land, das nicht ihr eigenes ist, und sie werden sie versklaven und sie werden sie misshandeln und sie werden sie erniedrigen, 400 Jahre lang. Den Volksstamm aber, dem sie dienen werden, werde ich richten. Danach aber werden sie ausziehen nach hier mit viel Hausstand. Du aber wirst in Frieden zu deinen Vätern gehen, begraben in schönem Greisenalter. In der vierten Generation aber werden sie hierher zurückkehren." (Genesis 15,1-16)

Dieser Bund greift die erste Verheißung an Abraham auf, die sich scheinbar nicht einstellen wollte:

„Und der Herr sagte zu Abram: Gehe weg aus deinem Land und aus deiner Verwandtschaft und aus dem Haus deines Vaters in das Land, das ich dir zeigen werde. Und ich werde dich zu einem großen Volksstamm machen und dich segnen und deinen Namen groß machen und du wirst gesegnet sein. Und ich werde diejenigen segnen, die dich segnen, und diejenigen, die dich verfluchen, werde ich verfluchen; und gesegnet werden in dir alle Stämme der Erde werden." (Genesis 12,1-3).

Abrahams Vorschlag, der Verheißung Gottes durch einen Adoptivsohn nachzuhelfen, wurde vom Herrn zurückgewiesen. Der ersehnte Sohn der Verheißung (Isaak) sollte ein Wunder Gottes sein. Abraham glaubte Gott. Das ist ein ganz zentraler Aspekt des Bundes Gottes mit Abraham. Er setzt Glauben voraus. Der Bund mit Noah und der Menschheit gilt unabhängig vom Glauben der Menschheit. Damit gründet Gott ein Volk, das durch den

Glauben in ein Naheverhältnis mit Ihm kommt und von allen Völkern ausgesondert wird. Aus diesem Volk sollte der Erlöser kommen, in dem alle Menschen gesegnet werden, indem ihnen die Versöhnung mit Gott ermöglicht wird.

Dieser Bund enthält neben der Verheißung einer großen Nachkommenschaft auch die Landverheißung, aber auch die äußerst unangenehme Prophezeiung der Sklaverei in Ägypten. Danach aber würde das Volk in das gelobte Land zurückkehren.

Der Bund wird wieder mit einem Opfer besiegelt, wobei es auffällig ist, dass Gott allein zwischen den Tierhälften hindurchgeht, während Abraham in tief entrücktem Schlaf war:

„Als aber die Sonne unterging, da trat eine lodernde Flamme auf, und siehe, ein rauchender Ofen und Feuerfackeln, die mitten durch diese Tierhälften durchzogen." (Genesis 15,17)

Der Opferritus war der damaligen Gepflogenheit entsprechend, doch sollten normalerweise beide Bündnispartner zwischen den Opfertieren hindurchgehen. Indem Gott dies alleine tut, zeigt Er an, dass die Erfüllung dieses Bundes allein von Ihm abhängig ist; kein Mensch wird diesen Bund brechen oder scheitern lassen.

Der Geltungsbereich weist über die unmittelbaren Nachkommen Abrahams hinaus, denn alle Völker sollen durch Abrahams Sohn gesegnet werden. Das betrifft auch uns, wie Paulus sehr deutlich macht:

„Nun aber sind die Verheißungen dem Abraham und seinem Samen zugesprochen worden. Es heißt nicht: »und den Samen«, als von vielen, sondern als von einem: »und deinem Samen«, und dieser ist Christus. ... Wenn ihr aber Christus angehört, so seid ihr Abrahams Same und nach der Verheißung Erben." (Galater 3,16+29).

Das Bundeszeichen und die Regeln kommen allerdings erst später hinzu, sind davon also abgesetzt. Es ist eigentlich ein zweiter Bund mit Abraham:

„Abram aber wurde 99 Jahre alt und der Herr zeigte sich Abram und sagte zu ihm: Ich bin dein Gott. Sei wohlgefällig vor mir und werde untadelig, und ich werde meine Verfügung einsetzen zwischen mir und zwischen dir und ich werde dich überaus zahlreich machen.

Und Abram fiel auf sein Angesicht und Gott sprach zu ihm folgendermaßen: Und ich, siehe, meine Verfügung mit dir und du wirst der Vater einer Menge von Volksstämmen sein. Und du wirst nicht mehr Abram genannt werden, sondern dein Name wird Abraham sein, weil ich dich zum Vater vieler Volksstämme mache. Und ich werde dich über alle Maßen vermehren und ich werde dich zu Volksstämmen machen und Könige werden aus dir hervorgehen.

Und ich werde meine Verfügung aufstellen zwischen mir und zwischen dir und zwischen deiner Nachkommenschaft nach dir, für ihre Generationen, als ewige Verfügung, dass ich dein Gott und der deiner Nachkommenschaft nach dir bin. Und ich werde dir und deiner Nachkommenschaft nach dir das Land geben, in dem du als Fremder wohnst, das ganze Land Kanaan, zum ewigen Besitz, und ich werde ihnen Gott sein. Und Gott sagte zu Abraham: Du aber wirst meine Verfügung bewahren, du und deine Nachkommenschaft nach dir für ihre Generationen.

Und dies ist die Verfügung, die du bewahren wirst, zwischen mir und euch und zwischen deiner Nachkommenschaft nach dir für ihre Generationen: Alles Männliche unter euch wird beschnitten werden und ihr werdet am Fleisch eurer Vorhaut beschnitten werden und es wird Zeichen der Verfügung zwischen mir und euch sein. Und ein Kind von acht Tagen von euch beschnitten werden, alles Männliche in euren Generationen, der in deinem Haus geborene Sklave und der für Geld von jedem Sohn eines Fremden gekaufte Sklave, der nicht von deiner Nachkommenschaft ist. Durch Beschneidung beschnitten werden wird der in deinem Haus geborene Sklave und der für Geld gekaufte und meine Verfügung wird auf eurem Fleisch sein als ewige Verfügung. Und ein männlicher Unbeschnittener, der nicht am achten Tag am Fleisch seiner Vorhaut beschnitten wird, – jene Seele wird ausgerottet werden aus ihrer Familie, weil sie meine Verfügung verworfen hat." (Genesis 7,1-14).

Die Regeln sind sehr allgemein gehalten: „*Ich bin dein Gott. Sei wohlgefällig vor mir und werde untadelig*". Keine spezifischen Gebote sind genannt. Einzig das Bundeszeichen der Beschneidung wird ausführlich behandelt und eingeschärft. Das Volk Gottes soll ein Kennzeichen tragen, indem die Männer beschnitten sind. Die Verheißung wird vertieft, doch im Wesentlichen ist es das. Das ist der zweite Bund Gottes mit Abraham. Wir können verstehen, warum die Judenchristen damals so vehement auf die Beschneidung bestanden.

Aber diese gehört zum zweiten Bund (bzw. zweiten Teil des Bundes), nicht zum ersten, und ist nicht ohne Grund abgesetzt vom ersten. Justin der Märtyrer, der um 160 n.Chr. in Rom für Christus litt, bestätigt das und merkt noch etwas Wesentliches an:

„*Denn auch Abraham wurde, als er noch unbeschnitten war, gerechtfertigt und gesegnet, und zwar wegen seines Glaubens an Gott, wie die Schrift dartut. Die Beschneidung aber erhielt er als Zeichen, nicht jedoch um gerechtfertigt zu werden. Schrift und Geschichte zwingen uns, das anzunehmen. … Auch die Unmöglichkeit, dass das weibliche Geschlecht die fleischliche Beschneidung empfängt, beweist, dass diese Beschneidung als Zeichen, nicht aber als eine Tat der Gerechtigkeit gegeben worden ist; denn Gott hat in gleicher Weise auch der Frau die Möglichkeit verschafft, all das zu tun, was gerecht und tugendhaft ist. Wir wissen doch, dass nicht wegen des Körperbaues, der, wie wir sehen, bei Mann und Frau verschieden ist, dieselben gerecht oder ungerecht sind, sondern dass Frömmigkeit und Gerechtigkeit entscheiden.*" (Dialog mit Trypho 23,4-5).

Als der Sohn Gottes in Maria Gestalt gewann, erwartete sie nicht die Bekräftigung des Bundes mit Moses, sondern die Erfüllung des Bundes mit Abraham:

„Er nimmt sich seines Knechtes Israel an, um an seine Barmherzigkeit zu gedenken, wie er es unseren Vätern verheißen hat, Abraham und seinem Samen, auf ewig!" (Lukas 1,54-55).

Weil beim ersten Bund mit Abraham (oder dem ersten Teil des Bundes) Abrahams Glaube und die Rechtfertigung des Patriarchen im Fokus steht, zieht Paulus einen wesentlichen Schluss, der die Abgrenzung von der Beschneidung bekräftigt:

„Gilt nun diese Seligpreisung den Beschnittenen oder auch den Unbeschnittenen? Wir sagen ja, dass dem Abraham der Glaube als Gerechtigkeit angerechnet worden ist. Wie wurde er ihm nun angerechnet? Als er beschnitten oder als er noch unbeschnitten war? Nicht als er beschnitten, sondern als er noch unbeschnitten war! Und er empfing das Zeichen der Beschneidung als Siegel der Gerechtigkeit des Glaubens, den er schon im unbeschnittenen Zustand hatte, damit er ein Vater aller unbeschnittenen Gläubigen sei, damit auch ihnen die Gerechtigkeit angerechnet werde." (Römer 4,9-11).

Weder der Bund mit Noah noch der mit Abraham sind der „Alte Bund", denn es gibt einen weiteren Bund mit Gottes Volk, der unmittelbar nach dem Auszug aus Ägypten am Berg Sinai geschlossen wurde. In diesem Bund steht das Gesetz im Zentrum:

„Am ersten Tag des dritten Monats seit dem Auszug der Israeliten aus dem Land Ägypten, an diesem Tag, kamen sie in die Wüste des Sinai. Und sie brachen von Raphidin auf und kamen in die Wüste des Sinai, und dort lagerte Israel gegenüber dem Berg. Und Mose stieg hinauf auf den Berg Gottes. Und Gott rief ihn vom Berg her: Das sollst du dem Hause Jakob sagen und den Israeliten vermelden: »Ihr habt selbst alles gesehen, was ich an den Ägyptern getan habe, und ich habe euch hoch genommen wie auf Adlersflügeln, und ich habe euch nahe zu mir herangebracht. Und jetzt, wenn ihr meine Stimme wirklich hört und meine Verfügung bewahrt, sollt ihr mir ein kostbares Volk von allen Volksstämmen sein. Mein ist nämlich die ganze Erde. Ihr aber sollt für mich ein königliches Priestergemeinwesen und ein *heiliger Volksstamm sein.« Diese Worte sollst du den Israeliten sagen."* (Exodus 19,1-6).

An erster Stelle steht Gottes Wirken, indem Er das Volk aus der Hand des Pharao befreit hat. Er will das Volk Israel zu einem besonderen Volk für sich machen, zu einem *„königlichen Priestergemeinwesen".* Die Voraussetzung dafür ist, dass sie den Bund halten – und dieser Bund besteht in den Zehn Geboten, die Moses dann vom Berg herabbringen würde, jene in Stein gegrabenen Buchstaben, sowie in den weiteren Gesetzen und Satzungen, die in Summe 613 Gebote umfassen sollten.

Dieser Bund galt nur dem Volk Israel; der Geltungsbereich ist klar abgegrenzt. Das Volk willigte ein, und der Bund wurde bei einem Opfer geschlossen:

„Und zu Mose sagte er: Steig hinauf zum Herrn, du und Aaron und Nadab und Abiud und 70 von den Ältesten Israels, und sie sollen von fern den Herrn anbeten. Und Mose allein soll sich zu dem Herrn nähern, sie aber sollen sich nicht nähern. Das Volk aber soll nicht mit ihnen zusammen hinaufsteigen.

Mose aber ging hinein und berichtete dem Volk alle Worte Gottes und die Rechtssätze. Das ganze Volk antwortete aber mit einer Stimme: Alle Worte, die der Herr gesagt hat, werden wir tun und hören. Und Mose schrieb alle Worte des Herrn nieder.

Als Mose früh am (nächsten) Morgen aufgestanden war, errichtete er eine Opferstätte unterhalb des Berges und zwölf Steine für die zwölf Stämme Israels. Und er sandte die jungen Männer der Israeliten aus, und sie brachten Ganzbrandopfer dar, und sie opferten Jungstiere als Rettungsopfer für den Herrn. Mose aber nahm die Hälfte des Blutes und goss es in Schalen, die (andere) Hälfte des Blutes goss er auf die Opferstätte. Und er nahm das Buch der Verfügung und verlas es vor den Ohren des Volkes, und sie sagten: Alles, was der Herr gesprochen hat, werden wir tun und hören! Mose nahm aber das Blut und sprengte es über das

Volk aus und sagte: Siehe, das Blut der Verfügung, die der Herr für euch in Bezug auf alle diese Worte verfügt hat." (Exodus 24,1-8).

Dieser Bund erforderte die Zusage des Volkes Gottes: *„Alle Worte, die der Herr gesagt hat, werden wir tun und hören."* Damit unterscheidet sich dieser Bund deutlich vom Bund Abrahams, der (a) keine spezifischen Satzungen hatte, und (b) allein von Gottes Treue abhängt.

Um die lange Geschichte des Volkes Gottes unter diesem Bund ganz kurz zu machen: Sie haben versagt. Sie haben den Bund mehrfach gebrochen. Gott sandte einen Propheten nach dem anderen, um sie zur Treue gegenüber Gott aufzurufen. Sie haben diese Propheten verfolgt und getötet. Auch nach der babylonischen Gefangenschaft, in die sie ihr Ungehorsam gebracht hat, wurden sie immer wieder untreu, und zuletzt – um das Maß der Väter vollzumachen, welche die Propheten getötet hatten – töteten sie den Sohn Gottes. Darum kündigten die Propheten einen neuen Bund an:

„Siehe, Tage kommen, sagt der Herr, da werde ich mit dem Haus Israel und mit dem Haus Juda einen neuen Bund schließen, nicht nach der Art des Bundes, den ich mit ihren Vätern geschlossen habe am Tag, als ich ihre Hand ergriff, um sie aus dem Land Ägypten herauszuführen, denn sie hielten an meinem Bund nicht fest, und ich habe mich nicht um sie gekümmert, sagt der Herr.

Denn dies ist der Bund, den ich mit dem Haus Israel schließen werde nach jenen Tagen, sagt der Herr: Wenn ich sie gebe, werde ich meine Gesetze in ihren Verstand geben, und auf ihre Herzen werde ich sie schreiben. Und ich werde ihr Gott sein, und sie werden mein Volk sein.

Und sie werden sich gewiss nicht gegenseitig belehren müssen, jeder seinen Mitbürger und jeder seinen Bruder: »Erkenne den Herrn!« Denn alle werden mich kennen, von ihrem Kleinsten bis zu ihrem Größten, denn ich werde gegen ihre Ungerechtigkeiten gnädig sein und ihrer Sünden werde ich mich nicht mehr erinnern." (Jeremia 38[31],31-34).

Die steinernen Gesetzestafeln waren stets außerhalb der Herzen des Volkes Gottes, die Gebote verbanden sich nicht mit ihrem Innersten. Das Neue am Neuen Bund ist, dass Gottes Gesetz nun auf die Herzen derer geschrieben würde, die von ihren Sünden umkehren und glauben. Jeder einzelne hat nun eine unmittelbare und persönliche Beziehung zu Gott und bedarf keines menschlichen Vermittlers mehr, der ihm sagt: *„Erkenne Gott!"*

Dieser Neue Bund kam mit Jesus Christus. Er selbst ist das Opfer, das diesen Bund eingesetzt hat, und so heißt es bei der Einsetzung des Abendmahles:

„Und er nahm das Brot, dankte, brach es, gab es ihnen und sprach: Das ist mein Leib, der für euch gegeben wird; das tut zu meinem Gedächtnis! Desgleichen nahm er auch den Kelch nach dem Mahl und sprach: Dieser Kelch ist der neue Bund in meinem Blut, das für euch vergossen wird." (Lukas 22,19-20).

Die Bundeszeichen dieses Neuen Bundes sind Taufe und Abendmahl; die Verheißungen des Neuen Bundes sind das Reich Gottes und das ewige Leben; die Regeln des Neuen Bundes sind das Gesetz Christi (Seine Lehren, besonders die Bergpredigt); der Geltungsbereich des Neuen Bundes sind alle Nationen der Erde, die sich als Jünger berufen lassen; das Opfer des Neuen Bundes ist das Kreuzesopfer Christi; die Kraft des Neuen Bundes ist der Heilige Geist, der uns zu Kindern Gottes macht.

Der Alte Bund ist obsolet, wie es im Hebräerbrief steht:

„Indem er sagt: »Einen neuen«, hat er den ersten Bund für veraltet erklärt; was aber veraltet ist und sich überlebt hat, das wird bald verschwinden." (Hebräer 8,13).

Stattdessen greift Gott die Bundesverheißungen an Abraham wieder auf, um sie in Christus zu erfüllen. Paulus schreibt:

„Brüder, ich rede nach Menschenweise: Sogar das Testament eines Menschen hebt niemand auf oder verordnet etwas dazu, wenn es bestätigt ist. Nun aber sind die

Verheißungen dem Abraham und seinem Samen zugesprochen worden. Es heißt nicht: »und den Samen«, als von vielen, sondern als von einem: »und deinem Samen«, und dieser ist Christus. Das aber sage ich: Ein von Gott auf Christus hin zuvor bestätigtes Testament wird durch das 430 Jahre danach entstandene Gesetz nicht ungültig gemacht, so dass die Verheißung aufgehoben würde. Denn wenn das Erbe durchs Gesetz käme, so käme es nicht mehr durch Verheißung; dem Abraham aber hat es Gott durch Verheißung geschenkt.

Wozu nun das Gesetz? Der Übertretungen wegen wurde es hinzugefügt, bis der Same käme, dem die Verheißung gilt, und es ist durch Engel übermittelt worden in die Hand eines Mittlers. Ein Mittler aber ist nicht Mittler von einem; Gott aber ist einer. Ist nun das Gesetz gegen die Verheißungen Gottes? Das sei ferne! Denn wenn ein Gesetz gegeben wäre, das lebendig machen könnte, so käme die Gerechtigkeit wirklich aus dem Gesetz. Aber die Schrift hat alles unter die Sünde zusammengeschlossen, damit die Verheißung aufgrund des Glaubens an Jesus Christus denen gegeben würde, die glauben." (Galater 3,19-22).

Der Alte Bund musste scheitern, da das Gesetz niemanden lebendig machen kann. Es offenbart uns unsere Sünde, aber es kann uns davon nicht befreien. Man muss nicht alles verstehen, was Gott in Seinem Ratschluss entschieden hat, denn Seine Weisheit übersteigt die unsere bei weitem. Eines aber wird klar: Das Scheitern des Gesetzesbundes nimmt uns jede Hoffnung, uns selbst aus eigener Kraft durch unser Bemühen und unsere Leistungen zu retten. Niemand kann sich mehr vor Gott rühmen, außer einer Sache:

„Von mir aber sei es ferne, mich zu rühmen, als nur des Kreuzes unseres Herrn Jesus Christus, durch das mir die Welt gekreuzigt ist und ich der Welt. Denn in Christus Jesus gilt weder Beschneidung noch Unbeschnittensein etwas, sondern eine neue Schöpfung. Über alle, die nach dieser Regel wandeln, komme Frieden und Erbarmen, und über das Israel Gottes!" (Galater 6,14-16).

Die wahre Beschneidung

Die Beschneidung war der große Streitpunkt unter den ersten Christen. Zurecht konnten die Judenchristen darauf verweisen, dass das Gebot der Beschneidung so verfasst ist, dass man es nicht verhandeln kann:

„Und dies ist die Verfügung, die du bewahren wirst, zwischen mir und euch und zwischen deiner Nachkommenschaft nach dir für ihre Generationen: Alles Männliche unter euch wird beschnitten werden und ihr werdet am Fleisch eurer Vorhaut beschnitten werden und es wird Zeichen der Verfügung zwischen mir und euch sein. Und ein Kind von acht Tagen wird von euch beschnitten werden, alles Männliche in euren Generationen, der in deinem Haus geborene Sklave und der für Geld von jedem Sohn eines Fremden gekaufte Sklave, der nicht von deiner Nachkommenschaft ist. Durch Beschneidung beschnitten werden wird der in deinem Haus geborene Sklave und der für Geld gekaufte und meine Verfügung wird auf eurem Fleisch sein als ewige Verfügung. Und ein männlicher Unbeschnittener, der nicht am achten Tag am Fleisch seiner Vorhaut beschnitten wird, – jene Seele wird ausgerottet werden aus ihrer Familie, weil sie meine Verfügung verworfen hat." (Genesis 17,11-14).

Die Beschneidung ist *das* Kennzeichen, welches die Zugehörigkeit zum Volk Gottes anzeigt. Dieses Zeichen zu verweigern ist gleichbedeutend damit, sich vom Bund mit Gott loszusagen. Andererseits ist es nur ein äußerliches Merkmal, das nichts über den Glauben oder die moralische Qualität des Beschnittenen aussagt. Worauf kommt es Gott wirklich an? Paulus bringt es auf den Punkt:

„Die Beschneidung nämlich hat nur Wert, wenn du das Gesetz hältst; bist du aber ein Übertreter des Gesetzes, so ist deine Beschneidung zur Unbeschnittenheit geworden. Wenn nun der Unbeschnittene die Rechtsbestimmungen des Gesetzes befolgt, wird ihm dann nicht seine Unbeschnittenheit als Beschneidung angerechnet werden?" (Römer 2,25-26).

Das Gesetz Gottes enthält Vorschriften, die rein äußerlicher und zeichenhafter Natur sind, und solche, die sich von der Schöpfung herleiten und andere, die moralischer Natur sind. Die zeichenhaften Gebote weisen auf etwas Höheres hin. Bei Moses selbst lesen wir deshalb:

„Und der Herr wird dein Herz und das Herz deiner Nachkommen rein machen [d.h. beschneiden[8]], um den Herrn, deinen Gott, aus deinem ganzen Herzen und aus deiner ganzen Seele zu lieben, damit du lebst." (Deuteronomium 30,6).

Diese Verheißung bezieht sich auf den Neuen Bund, in dem es um die Verwandlung des Herzens geht. Erst die Beschneidung des Herzens ermöglicht es uns, Gott aus ganzem Herzen zu lieben und Ihm zu gehorchen. Unser „unbeschnittenes" Herz ist Gott gegenüber abgeneigt, will selbst Gott sein und wehrt sich gegen Gottes Gebote. Wir müssen daher am Gesetz scheitern, um unsere wahre Bedürftigkeit vor Gott zu erkennen, wie es auch David in den Psalmen tat:

„Ein reines Herz schaffe in mir, Gott, und einen aufrichtigen Geist erneuere in meinem Inneren." (Psalm 50[51],12).

Genau das bewirkt der Heilige Geist, der im Neuen Bund jedem verheißen ist, der von seinen Sünden umkehrt und sich durch Christi Blut mit Gott versöhnen lässt. Der Prophet Hesekiel schreibt:

„Und sie werden dort hineingehen und wegschaffen alle ihre Gräuel und alle ihre Gesetzlosigkeiten aus ihm. Und ich werde ihnen ein anderes Herz geben, und einen neuen Geist werde ich in sie geben, und ich werde das steinerne Herz aus ihrem Fleisch reißen und ihnen ein fleischernes Herz geben, damit sie in meinen Vorschriften wandeln und meine Rechtssätze beachten und sie tun werden. Und sie

---

[8] So im hebräischen (masoretischen) Text; die LXX übersetzt mit περικαθαριει / perikathariei, d.h. rundherum reinigen, was an die Beschneidung (περιτέμνω / peritemnō) anklingt, und hier synonym gebraucht wird.

werden mir zum Volk sein, und ich werde ihnen zum Gott sein." (Hesekiel 11,18-20).

Er wiederholt diese Verheißung ein paar Kapitel später, mit einer bemerkenswerten Verdeutlichung:

„Und ich werde euch mit reinem Wasser besprengen, ihr werdet von allen euren Unreinheiten und von allen euren Götzen gereinigt, und ich werde euch reinigen. Und ich werde euch ein neues Herz geben, und neuen Geist werde ich euch eingeben, und ich werde das steinerne Herz aus eurem Fleisch nehmen und euch ein Herz aus Fleisch geben. Und meinen Geist werde ich euch eingeben, und <u>ich werde bewirken, dass ihr nach meinen Rechtssätzen wandelt</u> und meine Entscheidungen bewahrt und ausführt." (Hesekiel 36,25-27).

Wir haben ein steinhartes und totes Herz, das durch Gottes Geist fleischern und lebendig gemacht wird, damit wir Gottes Willen tun. Die Verdeutlichung ist die, dass es Gott selbst durch Seinen Geist ist, der das Vollbringen des Gesetzes in uns bewirken würde. Es geschieht nicht aus uns selbst, sondern durch den Heiligen Geist. Ein Beispiel für die Bedachtnahme des Gesetzes auf unser hartes Herz, ist die Regelung der Ehescheidung in den Büchern des Moses, die Christus im Neuen Bund aufgehoben hat, weil das Grundproblem – das harte Herz – beseitigt ist:

„Da sprachen sie zu ihm: Warum hat denn Mose befohlen, ihr einen Scheidebrief zu geben und sie so zu entlassen (siehe Deuteronomium 24,1-4)? Er sprach zu ihnen: Mose hat euch wegen der Härtigkeit eures Herzens erlaubt, eure Frauen zu entlassen; von Anfang an aber ist es nicht so gewesen. Ich sage euch aber: Wer seine Frau entlässt, es sei denn wegen Unzucht, und eine andere heiratet, der bricht die Ehe; und wer eine Geschiedene heiratet, der bricht die Ehe." (Matthäus 19,7-9).

Eine „unzumutbare" Ehe kann nur in der Kraft des Heiligen Geistes aufrecht erhalten werden; es ist eine der großen Herausforderungen für Christen, besonders in unserer Zeit, und wird tatsächlich häufig missachtet.

Der Gabe des Geistes geht interessanterweise eine Reinigung mit Wasser voraus, unter der viele zurecht die Taufe verstehen, obwohl nur von einer Besprengung und nicht vom Untertauchen die Rede ist.

Wie ist es aber, wenn das, worauf das Zeichen prophetisch hingewiesen hat (die Beschneidung der Vorhaut), eingetroffen ist (die Beschneidung des Herzens)? Ist das Zeichen dann noch von Bedeutung? Wer im Neuen Bund noch die fleischliche Beschneidung einfordert, tut so, als ob es die eigentliche Beschneidung nicht gäbe. Es kommt einer Leugnung der Erfüllung gleich. Das gilt für alle zeichenhaften Gesetze: Wer noch die zeichenhaften Opfer des Tempels und Sündopfer darbringt, leugnet, dass Christus das eine und vollkommene Opfer dargebracht hat. Wer weiterhin am steinernen Tempel und dem levitischen Priestertum festhält, leugnet, dass die Christen einen Tempel aus lebendigen Steinen bilden und gemeinsam ein königliches Priestertum sind. Es ist also keine Nebensache, wenn man die zeichenhaften Forderungen des Gesetzes weiterhin für alle Christen verbindlich machen will.

Auch wenn die ersten Christen in Jerusalem und Umgebung noch viele Jahre brauchten, dies zu verstehen, schreibt Paulus diesbezüglich mit äußerstem Nachdruck:

„Das allein will ich von euch erfahren: Habt ihr den Geist durch Werke des Gesetzes empfangen oder durch die Verkündigung vom Glauben? Seid ihr so unverständig? Im Geist habt ihr angefangen und wollt es nun im Fleisch vollenden? So viel habt ihr umsonst erlitten? Wenn es wirklich umsonst ist! Der euch nun den Geist darreicht und Kräfte in euch wirken lässt, tut er es durch Werke des Gesetzes oder durch die Verkündigung vom Glauben?" (Galater 3,2-5).

„Siehe, ich, Paulus, sage euch: Wenn ihr euch beschneiden lasst, wird euch Christus nichts nützen. Ich bezeuge nochmals jedem Menschen, der sich beschneiden lässt, dass er verpflichtet ist, das ganze Gesetz zu halten. Ihr seid losgetrennt von Christus, die ihr durchs Gesetz gerecht werden wollt; ihr seid aus der Gnade

gefallen! Wir aber erwarten im Geist aus Glauben die Hoffnung der Gerechtigkeit;
denn in Christus Jesus gilt weder Beschneidung noch Unbeschnittensein etwas,
sondern der Glaube, der durch die Liebe wirksam ist." (Galater 5,1-6).

Ist es verboten, sich beschneiden zu lassen? Nur, wenn man meint, es wäre heilsnotwendig, wie das die judaisierenden Irrlehrer taten, gegen die Paulus sich wandte. Im Grunde ist die Beschneidung belanglos geworden. Der in der Liebe tätige Glaube ist es, auf den es ankommt. Paulus selbst hat seinen Mitarbeiter Timotheus beschnitten, um gemeinsam mit ihm unter den Juden missionieren und die Synagogen aufsuchen zu können (Apostelgeschichte 16,3). Er konnte es in eben dieser Freiheit tun, dass diese Handlung belanglos ist, wie er auch schreibt:

„Denn in Christus Jesus gilt weder Beschneidung noch Unbeschnittensein etwas,
sondern eine neue Schöpfung." (Galater 6,15).

„Denn nicht der ist ein Jude, der es äußerlich ist; auch ist nicht das die
Beschneidung, die äußerlich am Fleisch geschieht; sondern der ist ein Jude, der es
innerlich ist, und seine Beschneidung geschieht am Herzen, im Geist, nicht dem
Buchstaben nach. Seine Anerkennung kommt nicht von Menschen, sondern von
Gott." (Römer 2,28-29).

Die Beschneidung des Herzens, die in uns die Voraussetzungen schafft, ein gottgefälliges Leben zu führen, ist im Neuen Bund mit einer anderen Zeichenhandlung unmittelbar verbunden: mit der Taufe.

„Denn in ihm [Christus] wohnt die ganze Fülle der Gottheit leibhaftig; und ihr
seid zur Fülle gebracht in ihm, der das Haupt jeder Herrschaft und Gewalt ist. In
ihm seid ihr auch beschnitten mit einer Beschneidung, die nicht von Menschen-
hand geschehen ist, durch das Ablegen des fleischlichen Leibes der Sünden, in der
Beschneidung des Christus, da ihr mit ihm begraben seid in der Taufe. In ihm seid
ihr auch mitauferweckt worden durch den Glauben an die Kraftwirkung Gottes,
der ihn aus den Toten auferweckt hat." (Kolosser 2,9-12).

Das ist die Beschneidung im Neuen Bund, die Beschneidung des Herzens, die in der Taufe erfolgt. Das Untertauchen im Wasser an sich ist rein äußerlich, ohne Glauben macht es uns nur nass aber erneuert uns nicht. Im Glauben getauft zu werden, bewirkt jedoch die Vergebung der Sünden und die neue Geburt. Darum wird die Taufe auch als *„Bad der Wiedergeburt"* bezeichnet (Titus 3,5). Sie hat damit eine noch viel größere Bedeutung als die Beschneidung im Fleisch, die rein äußerlich ist, weil in der Taufe tatsächlich etwas geschieht, das notwendig zur neuen Geburt ist. Sie verbindet uns mit dem Tod und der Auferstehung des Herrn Jesus Christus (Römer 6).

Der Herr Jesus sagte:

„Wahrlich, wahrlich, ich sage dir: Wenn jemand nicht aus Wasser und Geist geboren wird, so kann er nicht in das Reich Gottes eingehen!" (Johannes 3,5).

Die Taufe ist untrennbar mit dem Missionsauftrag verbunden:

„Geht hin in alle Welt und verkündigt das Evangelium der ganzen Schöpfung! Wer glaubt und getauft wird, der wird gerettet werden; wer aber nicht glaubt, der wird verdammt werden." (Markus 16,15-16).

Petrus betont:

„[Wie Noahs Familie durch die Arche vor der Sintflut gerettet wurde, werden auch wir] in der Taufe [gerettet], die nicht ein Abtun der Unreinheit des Fleisches ist, sondern das Zeugnis eines guten Gewissens vor Gott durch die Auferstehung Jesu Christi." (1. Petrus 3,20-21).[9]

So bildet die neutestamentliche Taufe das äußere Kennzeichen der Zugehörigkeit zu Gottes Volk und hat einen noch höheren Stellenwert als die Beschneidung. Warum? Die Beschneidung macht uns nicht zu besseren

---

[9] Ich habe den „Schachtelsatz" etwas zusammengefasst

Menschen, die Taufe macht uns jedoch zu *neuen* Menschen und verändert unser Herz.

So sahen es auch die frühen Christen, also jene, welche unmittelbar auf die Apostel folgten, diese zum Teil persönlich kannten, in Gemeinden aufwuchsen, die von den Aposteln und deren Mitarbeitern gegründet waren bis etwa 200 n.Chr. und auch noch darüber hinaus bis zum Konzil von Nizäa. Im Barnabasbrief, der aus dem 1. Jahrhundert stammt, lesen wir zur Beschneidung:

„Er spricht aber wiederum über unsere Ohren, wie er unser Herz beschnitten habe. Es sagt der Herr bei dem Propheten: „Auf das Vernehmen mit dem Ohre hin gehorchten sie mir". Und wiederum sagt er: „Durchs Hören werden sie in der Ferne es auffassen; was ich getan habe, werden sie erkennen". Und: „Lasset eure Herzen euch beschneiden, spricht der Herr". Und wiederum sagt er: „Höre Israel, denn also spricht der Herr, dein Gott". Und noch einmal weissagt der Geist des Herrn: „Wer will leben in Ewigkeit? Der höre genau auf die Stimme meines Knechtes". Und wiederum sagt er: „Höre es Himmel und vernimm es Erde, dass der Herr dieses gesprochen hat zum Zeugnis". Und wiederum sagt er: „Höret das Wort des Herrn, ihr Fürsten dieses Volkes". Und wiederum sagt er: „Höret, Kinder, die Stimme des Rufenden in der Wüste". Also hat er unsere Ohren beschnitten, damit wir das Wort hören und dann glauben. Aber auch die Beschneidung, auf die sie vertraut haben, ist abgeschafft. Er sagt nämlich, die Beschneidung solle nicht am Fleische geschehen; sie aber handelten dagegen, weil ein böser Engel sie beschwatzte. Er sagt zu ihnen: „Also spricht der Herr, euer Gott (so finde ich das Gebot): Säet nicht auf Dornen, beschneidet euch für euren Herrn". Und was will er damit sagen: „Beschneidet eure Hartherzigkeit und versteift nicht euren Nacken". Vernimm wiederum: „Siehe, spricht der Herr, alle (Heiden-) Völker sind nicht beschnitten an der Vorhaut, dieses Volk aber ist unbeschnitten am Herzen".

Aber du wirst sagen: dieses Volk ist doch beschnitten zur Besiegelung (seines Bundes mit Gott). Aber auch jeder Syrer und Araber und alle Götzenpriester (sind beschnitten). Dann gehören auch diese zu ihrem Bunde. Aber auch die Ägypter haben die Beschneidung.[10] *Verstehet also, Kinder der Liebe, in allem reichlich, dass Abraham, welcher im Geiste vorausschauend auf Jesus zuerst die Beschneidung einführte, sie vollzog, nachdem er die Lehre (Bedeutung) von drei Buchstaben erhalten hatte. Er sagt nämlich: „Und Abraham beschnitt aus seinem Hause 18 und 300 Männer".[11] Welches ist nun die ihm verliehene Erkenntnis? Wisset, dass er zuerst die 18 nennt, dann erst nach einem Zwischenraum die 300.[12] 18 sind gleich* (ι) = 10 *und* (η) = 8; *damit hast du* (Ιησοῦς) *(Jesus). Weil aber das Kreuz im Tau (= T) die Gnade sinnbilden sollte, nennt er auch die 300. Er offenbart nun in den zwei Buchstaben Jesus,[13] in dem einen das Kreuz."* (Barnabas 9,1-8).

In noch einer Sache unterscheiden sich die Beschneidung im Fleisch und die des Herzens fundamental: Die erste ist eine Frage von Geburt und Abstammung, die zweite eine Frage des Glaubens und der freien Wahl. Im Johannesevangelium wird gleich zu Beginn auf diesen grundlegenden Unterschied hingewiesen:

„Allen aber, die ihn aufnahmen, denen gab er das Anrecht, Kinder Gottes zu werden, denen, die an seinen Namen glauben; die nicht aus dem Blut, noch aus dem Willen des Fleisches, noch aus dem Willen des Mannes, sondern aus Gott geboren sind." (Johannes 1,12-13).

Niemand darf demnach getauft werden, der nicht zuerst seine Sünden bereut und davon Abstand nimmt und glaubt, dass Jesus Christus der Sohn Gottes ist, der mit Seinem Blut die Versöhnung mit dem Vater ermöglicht. Das setzt Einsicht, freien Willen und einen persönlichen Glauben voraus, der bei Kindern nicht gegeben ist. Justin der Märtyrer schreibt:

---

[10] Heute kann man darauf verweisen, dass auch muslimische Männer beschnitten sind.

[11] Die 318 werden in Genesis 14,14 genannt, die Beschneidung erfolgte ab Kapitel 17; Barnabas zitiert hier zusammenfassend.

[12] Die heute vorhandenen Manuskripte haben die Zahl ausgeschrieben, in seinem oder in den älteren Handschriften wurde die Zahl offenbar mit den Buchstabenwerten abgekürzt.

[13] Es war in den frühen Handschriften des Neuen Testaments sehr gebräuchlich, die heiligen Namen (nomina sacra) mit zwei Buchstaben abzukürzen, die oberhalb mit einem Strich verbunden wurden.

„Und hierfür haben wir von den Aposteln folgende Begründung überkommen. Da wir bei unserer ersten Entstehung ohne unser Wissen nach Naturzwang aus feuchtem Samen infolge gegenseitiger Begattung unserer Eltern gezeugt wurden und in schlechten Sitten und üblen Grundsätzen aufgewachsen sind, so wird, damit wir nicht Kinder der Notwendigkeit und der Unwissenheit bleiben, sondern Kinder der freien Wahl und der Einsicht, auch der Vergebung unserer früheren Sünden teilhaftig werden, im Wasser über dem, der nach der Wiedergeburt Verlangen trägt und seine Vergehen bereut hat, der Name [des Vaters, des Sohnes und des Heiligen Geistes ausgesprochen].“ (1. Apologie 61).

Mit dem Aufkommen der Kindertaufe gegen Ende des zweiten Jahrhunderts wurde diese Wahrheit schrittweise verwischt und unkenntlich gemacht, sodass die großen Kirchen heute wieder wie das Judentum funktionieren. Sie stellen ein Volk Gottes dar, das auf leiblicher Abstammung basiert und nicht mehr auf Glauben. Kindertaufen sind daher gar nicht als Taufe im biblischen Sinn zu werten, sondern eher als unblutige Beschneidung im Sinne des Alten Bundes. So argumentiert etwa der Heidelberger Katechismus der reformierten Kirche zur Frage, warum man auch kleine Kinder taufen solle, fälschlicherweise:

„Darum sollen auch die Kinder durch die Taufe, das Zeichen des Bundes, in die christliche Kirche als Glieder eingefügt und von den Kindern der Ungläubigen unterschieden werden, wie es im Alten Testament durch die Beschneidung geschehen ist, an deren Stelle im Neuen Testament die Taufe eingesetzt wurde.“ (Heidelberger Katechismus, Frage 74).[14]

Weil aber die Beschneidung des Herzens die Erfüllung der Beschneidung im Fleisch ist, bedürfen wir der ersteren nicht länger. Justin bemerkt auch, dass vor dem zweiten Teil des Bundes mit Abraham, alle Gerechten unbeschnitten waren:

---

[14] https://www.heidelberger-katechismus.net/8261-0-227-50.html

„*Ferner braucht ihr trotz eurer fleischlichen Beschneidung unsere Beschneidung, während unsere Beschneidung [die des Herzens in der Taufe durch den Heiligen Geist] uns die eurige vollständig entbehrlich macht. Wäre sie uns nämlich notwendig, wie ihr meint, dann hätte Gott den Adam nicht in der Vorhaut erschaffen, noch hätte er auf die Gaben Abels geschaut, der in der Vorhaut des Fleisches geopfert hat, noch hätte Enoch in seiner Vorhaut dessen ,Wohlgefallen gefunden; und er verschwand, denn Gott hatte ihn hinweggenommen'. Lot wurde, ohne beschnitten zu sein, aus Sodoma gerettet, da jene Engel selbst und der Herr ihm das Geleite gaben. Ohne beschnitten zu sein, trat Noe, der Vater eines neuen Geschlechtes, samt seinen Kindern in die Arche. Unbeschnitten war der Priester des Höchsten, Melchisedech, dem selbst Abraham, der erste, welcher die fleischliche Beschneidung empfing, den Zehnten darbrachte, und es segnete ihn Melchisedech', nach dessen Ordnung Gott, wie er durch David geoffenbart hat, den ewigen Priester einsetzen wird.*“ (Dialog mit Trypho 19,3-4).

Es ergibt sich also eine stimmige Linie vom Zeichen zur Wirklichkeit, von Moses zu Christus. Das ist die wahre Erfüllung des Gesetzes, denn Christus ist Ziel und Ende desselben.

Das wahre Israel

Es ist tief in uns verankert: Ein Europäer ist Christ, ein Türke ist Moslem, ein Inder ist Hindu und ein Cherokee glaubt an Manitou. Die Abstammung bestimmt die Religion, Glaube und Volk sind untrennbar miteinander verbunden. Hinzu kommt noch das Land, die Region, in der diese Völker leben. Ebenso untrennbar ist für Juden der Glaube Israels mit der leiblichen Abstammung verbunden. Von zentraler Bedeutung ist ihnen auch das Land Israel, das ihnen von Gott gegeben worden ist. Diese Verbindungen werden durch Christus gesprengt. In den Psalmen lesen wir:

„Höre, Tochter, und sieh, und neige dein Ohr, und vergiss dein Volk und das Haus deines Vaters, denn der König begehrte deine Schönheit, denn er ist dein Herr." (Psalm 44[45],11-12).

Der König ist der Messias Jesus Christus; die Tochter ist die Braut des Königs, die Gemeinde. Wenn Er unser Herr werden soll, müssen wir unser Volk und Vaterhaus vergessen. So wie eine Jungfrau ihrem Mann zugeführt wird, das Haus ihrer Eltern verlassen muss, um ihrem Ehemann anzugehören, müssen die Jünger Jesu ihre Herkunft und ihre bisherige irdische Identität hinter sich lassen. Warum das? Weil die neue Geburt dies unweigerlich bewirkt. In das Christentum wird man nicht hineingeboren, man wird nicht automatisch Christ, weil die Eltern es sind, oder weil wir in einem christlichen Land geboren wurden. Das Johannesevangelium macht es klar:

„Das wahre Licht, welches jeden Menschen erleuchtet, sollte in die Welt kommen. Er war in der Welt, und die Welt ist durch ihn geworden, doch die Welt erkannte ihn nicht. Er kam in sein Eigentum, und die Seinen nahmen ihn nicht auf. Allen aber, die ihn aufnahmen, denen gab er das Anrecht, Kinder Gottes zu werden, denen, die an seinen Namen glauben; die nicht aus dem Blut, noch aus dem Willen des Fleisches, noch aus dem Willen des Mannes, sondern aus Gott geboren sind." (Johannes 1,9-13).

Die neue Geburt beinhaltet den Tod des alten Lebens. Wir sind nicht mehr dieselben wie früher. Darum schreibt Paulus:

„Denn die Liebe des Christus drängt uns, da wir von diesem überzeugt sind: Wenn einer für alle gestorben ist, so sind sie alle gestorben; und er ist deshalb für alle gestorben, damit die, welche leben, nicht mehr für sich selbst leben, sondern für den, der für sie gestorben und auferstanden ist.

So kennen wir denn von nun an niemand mehr nach dem Fleisch; wenn wir aber auch Christus nach dem Fleisch gekannt haben, so kennen wir ihn doch nicht mehr so. Darum: Ist jemand in Christus, so ist er eine neue Schöpfung; das Alte ist vergangen; siehe, es ist alles neu geworden!" (2. Korinther 5,14-17).

Aus der Tatsache, dass jeder neugeborene Christ mit Christus gestorben ist, folgt zwingend, dass wir einander nicht mehr gemäß unserem Fleisch betrachten, nicht mehr gemäß unserem alten Leben und unserer Abstammung, auch nicht länger gemäß unserer alten, fehlgeleiteten Lebensweise. Das Alte ist vergangen, alles ist neu geworden! Das muss man sickern lassen; das zu glauben und anzunehmen, fällt uns schwer. Paulus schärft den Gedanken noch nach:

„Lügt einander nicht an, da ihr ja den alten Menschen ausgezogen habt mit seinen Handlungen und den neuen angezogen habt, der erneuert wird zur Erkenntnis, nach dem Ebenbild dessen, der ihn geschaffen hat; wo nicht Grieche noch Jude ist, weder Beschneidung noch Unbeschnittenheit, noch Barbar, Skythe, Knecht, Freier – sondern alles und in allen Christus." (Kolosser 3,9-11).

Ich bin nach diesen Worten kein Österreicher mehr und soll mich mit diesem Volk auch nicht länger identifizieren. Christen können weder Patrioten noch Rassisten sein. Wir sind aus all dem herausgestorben und in Christus zu neuen Menschen geworden, die in das Ebenbild Christi verwandelt werden.

„Denn ihr alle seid durch den Glauben Söhne Gottes in Christus Jesus; denn ihr alle, die ihr in Christus hinein getauft seid, ihr habt Christus angezogen. Da ist weder Jude noch Grieche, da ist weder Knecht noch Freier, da ist weder Mann noch Frau; denn ihr seid alle einer in Christus Jesus. Wenn ihr aber Christus angehört, so seid ihr Abrahams Same und nach der Verheißung Erben." (Galater 3,26-29).

Das durchschneidet die Bande zu unseren leiblichen Eltern (die wir aber weiterhin ehren sollen), macht uns zu Kindern Gottes in Christus und fügt uns in die Nachkommenschaft des Vaters des Glaubens, Abraham. Und hier wird das leibliche Israel gesprengt! Die wahren Söhne Abrahams sind nicht die, welche leiblich von ihm abstammen, sondern jene, die denselben Glauben haben wie er. Jene, die nicht an der Vorhaut beschnitten sind, sondern am Herzen:

„Denn nicht der ist ein Jude, der es äußerlich ist; auch ist nicht das die Beschneidung, die äußerlich am Fleisch geschieht; sondern der ist ein Jude, der es innerlich ist, und seine Beschneidung geschieht am Herzen, im Geist, nicht dem Buchstaben nach. Seine Anerkennung kommt nicht von Menschen, sondern von Gott." (Römer 2,28-29).

Das Israel Gottes (vgl. Galater 6,16) ist nicht das Israel nach dem Fleisch sondern das nach dem Geist. So schwer es mir selbst fällt, mich nicht mehr als Österreicher wahrzunehmen, für die ersten Christen war es noch viel schwieriger von ihrer jüdischen Herkunft loszulassen. Bis zum Ende der Apostelgeschichte hielt zumindest die Jerusalemer Gemeinde an allen jüdischen Gebräuchen und dem Gesetz des Moses unverbrüchlich fest. Auch an der fleischlichen Beschneidung, welche die leibliche Abstammung von Abraham bezeugt und betont. Während man sich als Österreicher für so manches, was die Geschichte Österreichs betrifft, nur schämen kann, und unser Volk gegenüber anderen gar nichts Besonderes ist, können Juden sehr wohl auf Vorzüge und Ehren verweisen, die sie von allen Völkern der Welt abheben. Paulus zählt diese auf:

„Was hat nun der Jude für einen Vorzug, oder was nützt die Beschneidung? Viel, in jeder Hinsicht! Denn vor allem sind ihnen die Aussprüche Gottes anvertraut worden." (Römer 3,1-2).

„… denen die Sohnschaft und die Herrlichkeit und die Bündnisse gehören und die Gesetzgebung und der Gottesdienst und die Verheißungen; ihnen gehören auch die Väter an, und von ihnen stammt dem Fleisch nach der Christus, der über alle ist, hochgelobter Gott in Ewigkeit. Amen!" (Römer 9,4-5).

Nun bleibt Paulus hier aber nicht stehen, sondern setzt mit einer für Juden und Judenchristen verstörenden Aussage fort:

„Nicht aber, dass das Wort Gottes nun hinfällig wäre! Denn nicht alle, die von Israel abstammen, sind Israel; auch sind nicht alle, weil sie Abrahams Same sind, Kinder, …" (Römer 9,6-7).

Das fügt sich zu Johannes 1,11-13: Es geht nicht um die leibliche Abstammung, sondern um die neue Geburt. Die neue Geburt macht jeden Menschen aus allen Völkern zu wahren Israeliten, während die Israeliten, die es nur nach dem Fleisch sind, außen vor bleiben. Und jene Israeliten, welche neu geboren wurden, sind nicht länger Israeliten nach dem Fleisch (so wie ich kein Österreicher mehr bin), sondern nach dem Geist. Damit sind die Judenchristen aber auch nicht mehr dem vorläufigen Mosaischen Gesetz und den Gebräuchen unterworfen, da der Neue Bund ein neues Gesetz und eine neue Lebensweise bringt, die dem neuen Leben entsprechen. Darum konnte selbst Petrus in aller Freiheit „heidnisch" leben, wie Paulus ihm in Antiochia unter die Nase rieb, als er aus Furcht vor den übrigen Judenchristen wieder in die alte jüdische Lebensweise zurücktaumelte (Galater 2,14).

Natürlich war das für die ersten Christen äußerst schwer zu schlucken. Zudem war es legitim und sinnvoll, um im jüdischen Umfeld unnötige Anstöße zu vermeiden, und um möglichst viele ihrer Volksgenossen zu gewinnen. So lebte auch Paulus in solchen Fällen wie einer, der unter dem

Gesetz war. Aber er konnte auch anders, er konnte allen alles werden um des Evangeliums willen, weil er an nichts davon gebunden war. Einzig das Gesetz Christi galt ihm als nichtverhandelbare Lebensregel (vgl. 1. Korinther 9,19-23). Dieser Satz von ihm fasst es zusammen:

„Denn obwohl ich frei bin von allen, habe ich mich doch allen zum Knecht gemacht, um desto mehr Menschen zu gewinnen." (1. Korinther 9,19).

Es geht um den neuen Menschen, zu dem der Heilige Geist uns macht:

„Darum gedenkt daran, dass ihr, die ihr einst Heiden im Fleisch wart und Unbeschnittene genannt wurdet von der sogenannten Beschneidung, die am Fleisch mit der Hand geschieht – dass ihr in jener Zeit ohne Christus wart, ausgeschlossen von der Bürgerschaft Israels und fremd den Bündnissen der Verheißung; ihr hattet keine Hoffnung und wart ohne Gott in der Welt. Jetzt aber, in Christus Jesus, seid ihr, die ihr einst fern wart, nahe gebracht worden durch das Blut des Christus.

Denn Er ist unser Friede, der aus beiden eins gemacht und die Scheidewand des Zaunes abgebrochen hat, indem er in seinem Fleisch die Feindschaft, das Gesetz der Gebote in Satzungen, hinwegtat, um die zwei in sich selbst zu einem neuen Menschen zu schaffen und Frieden zu stiften, und um die beiden in einem Leib mit Gott zu versöhnen durch das Kreuz, nachdem er durch dasselbe die Feindschaft getötet hatte. Und er kam und verkündigte Frieden euch, den Fernen, und den Nahen; denn durch ihn haben wir beide den Zutritt zu dem Vater in einem Geist." (Epheser 2,11-18).

Das, was Israel von allen anderen Nationen abgrenzte und besonders machte, wurde durch Christus beseitigt: *„Das Gesetz der Gebote in Satzungen".* Es gilt daher weder für Heidenchristen noch für Judenchristen mehr. Die neue Geburt macht uns zu neuen Menschen, die nach einer neuen Richtschnur leben. Darum lagen die pharisäischen Christen falsch, die den Heiden das Gesetz aufbürden wollten. Doch auch die Judenchristen, welche am Ende der Apostelgeschichte als *„Eiferer für das Gesetz"* bezeichnet werden (und stolz darauf waren!) lagen völlig falsch! Auch wenn man es menschlich nachvollziehen kann. Es ist also ein kleiner Schritt von einer missionarischen Rücksichtnahme und zeitweiligen Anpassung zu einem Rückfall in das alte Leben. Nicht nur, was das Gesetz betrifft, sondern auch, was die Gesetzlosigkeit der Heiden betrifft, weil man auch da leicht in die heidnisch-gottlose Lebensweise hineingezogen werden kann.

„Denen, die ohne Gesetz sind, bin ich geworden, als wäre ich ohne Gesetz – obwohl ich vor Gott nicht ohne Gesetz bin, sondern Christus gesetzmäßig unterworfen –, damit ich die gewinne, die ohne Gesetz sind." (2. Korinther 9,21).

Paulus konnte mit gleich gutem Gewissen Schweinefleisch essen oder gesetzestreu koscher schmausen. Weil nichts, was in den Mund hineingeht, einen Menschen verunreinigt. Er konnte Timotheus beschneiden, und gleichzeitig denen entschieden widersprechen, welche den Heidenchristen die Beschneidung aufzwingen wollten, weil die Beschneidung belanglos ist. Was zählt, ist die neue Geburt und der in der Liebe tätige Glaube. Ich weiß, dass ich mich wiederhole, aber es ist entscheidend, und öfter dasselbe zu schreiben, *„ist mir nicht lästig; euch aber macht es gewiss."* (Philipper 3,1).

Der neue Mensch, der durch die neue Geburt entsteht, ist tatsächlich eine neue Menschheit. Während wir nach dem Fleisch alle von Adam abstammen, stammen wir durch den Geist vom „neuen Adam", dem Christus, ab:

„Denn weil der Tod durch einen Menschen kam, so kommt auch die Auferstehung der Toten durch einen Menschen; denn gleichwie in Adam alle sterben, so werden auch in Christus alle lebendig gemacht werden. … So steht auch geschrieben: Der erste Mensch, Adam, »wurde zu einer lebendigen Seele«; der letzte Adam [Christus] zu einem lebendigmachenden Geist. Aber nicht das Geistliche ist das erste, sondern das Natürliche, danach kommt das Geistliche. Der erste Mensch ist von der Erde, irdisch; der zweite Mensch ist der Herr aus dem Himmel. Wie der Irdische beschaffen ist, so sind auch die Irdischen; und wie der Himmlische beschaffen ist, so sind auch die Himmlischen. Und wie wir das Bild des Irdischen

getragen haben, so werden wir [in der Auferstehung] auch das Bild des Himmlischen tragen." (1. Korinther 15,21-22.46-49).

Wir sind nicht mehr, was wir nach dem Fleisch und von unserer Abstammung her waren. Das ist die geistliche Realität, die für uns maßgeblich werden muss. Diese neue Menschheit, die durch den Glauben Abrahams Söhne und Erben der Verheißung sind, ist daher das wahre Israel Gottes.

Um das zu illustrieren, gebraucht Paulus das Bild vom Ölbaum:

„Wenn aber die Erstlingsgabe heilig ist, so ist es auch der Teig, und wenn die Wurzel heilig ist, so sind es auch die Zweige.

Wenn aber etliche der Zweige ausgebrochen wurden und du als ein wilder Ölzweig unter sie eingepfropft bist und mit Anteil bekommen hast an der Wurzel und der Fettigkeit des Ölbaums, so überhebe dich nicht gegen die Zweige! Überhebst du dich aber, so bedenke: Nicht du trägst die Wurzel, sondern die Wurzel trägt dich! Nun sagst du aber: »Die Zweige sind ausgebrochen worden, damit ich eingepfropft werde«. Ganz recht! Um ihres Unglaubens willen sind sie ausgebrochen worden; du aber stehst durch den Glauben. Sei nicht hochmütig, sondern fürchte dich! Denn wenn Gott die natürlichen Zweige nicht verschont hat, könnte es sonst geschehen, dass er auch dich nicht verschont.

So sieh nun die Güte und die Strenge Gottes; die Strenge gegen die, welche gefallen sind; die Güte aber gegen dich, sofern du bei der Güte bleibst; sonst wirst auch du abgehauen werden! Jene dagegen, wenn sie nicht im Unglauben verharren, werden wieder eingepfropft werden; denn Gott vermag sie wohl wieder einzupfropfen. Denn wenn du aus dem von Natur wilden Ölbaum herausgeschnitten und gegen die Natur in den edlen Ölbaum eingepfropft worden bist, wieviel eher können diese, die natürlichen Zweige, wieder in ihren eigenen Ölbaum eingepfropft werden!" (Römer 11,16-24).

Der Ölbaum repräsentiert das wahre Israel, aus dem die ungläubigen Israeliten ausgebrochen sind. Dieser Ölbaum stellt nicht den Gesetzesbund vom Sinai dar, sondern den Glaubensbund von Abraham. Deshalb wurden die natürlichen Zweige nicht wegen Gesetzesübertretungen ausgebrochen, sondern wegen ihres Unglaubens. Die fremden Zweige wurden hingegen aufgrund ihres Glaubens eingepfropft. Bekehren sich die natürlichen Zweige und glauben an den Herrn Jesus, werden auch sie wieder eingepfropft; wenn wir aber den Glauben verlieren, werden wir ausgebrochen. Paulus setzt fort:

„Denn ich will nicht, meine Brüder, dass euch dieses Geheimnis unbekannt bleibt, damit ihr euch nicht selbst für klug haltet: Israel ist zum Teil Verstockung widerfahren, bis die Vollzahl der Heiden eingegangen ist; und so wird ganz Israel gerettet werden, wie geschrieben steht: »Aus Zion wird der Erlöser kommen und die Gottlosigkeiten von Jakob abwenden, und das ist mein Bund mit ihnen, wenn ich ihre Sünden wegnehmen werde«." (Römer 11,25-27).

Es gibt eine berechtigte Hoffnung, dass ein Überrest der natürlichen Zweige sich am Ende der Zeiten zum Herrn wenden wird – möglicherweise ist die wachsende messianisch-jüdische Bewegung bereits ein Hinweis darauf. Tragisch finde ich, dass gerade aufgrund dieser Bewegung wieder zwischen Heiden- und Judenchristen unterschieden wird und man letztere geradezu ermutigt, nach dem Gesetz und den jüdischen Gebräuchen zu leben, als wäre das für sie richtig und maßgeblich. Nein! Auch für sie gilt das Gesetz nicht länger!

Im Großen und Ganzen ist das jüdische Volk aber nach wie vor verstockt und für das Evangelium unempfänglich. Denn Gott hat sich nun den Nichtjuden zugewandt und will Jünger aus allen Völkern, Stämmen, Sprachen und Nationen in Sein Reich rufen. Wenn diese Zahl voll ist, wird sich eine Tür für das fleischliche Volk Israel öffnen, sodass sie beginnen, an den Herrn Jesus zu glauben. Nur so, auf diese Weise, wird Israel errettet werden; es gibt kein anderes Evangelium für sie, keine andere Hoffnung, sondern nur diesen einen Geist, den einen Leib Christi, die eine Hoffnung ein und derselben Berufung, den einen Herrn, den einen Glauben, die eine

Taufe und auch nur den einen Vater für Juden und Nichtjuden (vgl. Epheser 4,4-6).

Dieser in Römer 11,27 angesprochene Bund ist daher nicht der alte Bund vom Berg Sinai, sondern der neue Bund von Golgatha. Gott behandelt darin Juden wie Nichtjuden gleich, denn sie sind in einem ganz wesentlichen Punkt völlig gleich:

„Denn Gott hat alle miteinander in den Unglauben verschlossen, damit er sich über alle erbarme." (Römer 11,32).

Es geht um den Glauben, nicht um das Gesetz! Die Heiden glaubten von vorneherein nicht, die Juden glaubten dem Sohn Gottes nicht. Das muss so sein, damit sich Gott auch in gleicher Weise aller erbarmen kann. So ist unser Gott! Das lässt Paulus sofort in die Anbetung übergehen:

„O welche Tiefe des Reichtums sowohl der Weisheit als auch der Erkenntnis Gottes! Wie unergründlich sind seine Gerichte, und wie unausforschlich seine Wege! Denn wer hat den Sinn des Herrn erkannt, oder wer ist sein Ratgeber gewesen? Oder wer hat ihm etwas zuvor gegeben, dass es ihm wieder vergolten werde? Denn von ihm und durch ihn und für ihn sind alle Dinge; ihm sei die Ehre in Ewigkeit! Amen." (Römer 11,33-36).

Darum ist jeder Rückfall in den Alten Bund eine Verleugnung der Barmherzigkeit Gottes und des Evangeliums. Darum ist auch jede Unterscheidung zwischen Judenchristen und Heidenchristen eine Verleugnung der neuen Geburt. Jede weitere Bevorzugung oder Sonderstellung der Juden als erwähltes Volk ist daher in jeder Hinsicht falsch, da der Alte Bund aufgelöst ist, seit der Neue Bund in Kraft getreten ist. Er kam nicht im Voraus für die Heiden vor 2.000 Jahren, um dann später einmal für die Juden Wirklichkeit zu werden. Der Neue Bund ist da, der Alte Bund ist vergangen. Das wahre Israel Gottes zählt, das Israel nach dem Fleisch ist irrelevant geworden. Darum sollen wir es auch nicht romantisieren, sondern uns in der Liebe Christi mit dem Evangelium nach ihnen ausstrecken. Sie haben keine andere Hoffnung und Zukunft.

Von diesem neuen Volk, das der Herr schaffen würde, sprachen auch die frühen Christen. Barnabas etwa schrieb:

„Die Propheten, welche von ihm die Gnade hatten, weissagten auf ihn hin; weil er aber im Fleische sich offenbaren musste, damit er den Tod entkräfte und die Auf-erstehung von den Toten zeige, nahm er das Leiden auf sich, damit er den Vätern die Verheißung einlöse und sich selbst das neue Volk bereite." (Barnabas 5,6-7).

Justin der Märtyrer versucht, es dem Juden Trypho begreiflich zu machen:

„Uns [Christen] also ist es gegeben, das Gehörte zu verstehen, durch den erwähn-ten Christus gerettet zu werden und das Reich des Vaters zu erkennen. Darum hat er zu ihm gesagt: ,Du hast das große Glück, mein Sohn zu heißen, die Stämme Jakobs aufzurichten und die zerstreuten Israels zurückzuführen. Ich habe dich gemacht zum Lichte der Heiden, dass du seiest ihr Heil bis ans Ende der Erde.'."
(Dialog mit Trypho 121,4)

„Ihr behauptet zwar, diese Worte beziehen sich auf den Geora[15] und die Proselyten; in der Tat aber sind sie auf uns gesprochen, die wir durch Jesus erleuchtet worden sind. Christus würde ja sonst gewiss auch für sie Zeugnis geben; ... Für wen gibt also Christus Zeugnis? Offenbar für die Gläubigen. Die Proselyten glauben nicht nur nicht, sie lästern sogar noch einmal soviel wie ihr den Namen Jesu und wollen uns, seine Gläubigen töten und martern.[16] In allem haben sie ja das Verlangen, euch gleich zu werden. An anderer Stelle ruft er wiederum: ,Ich, der Herr, habe dich gerufen in Gerechtigkeit, ich will ergreifen deine Hand und dich stark machen. Ich werde dich machen zum Bunde des Volkes, zum Licht der Heiden, auf dass du

---

[15] Aram. Für Proselyten = Heiden, die sich vollumfänglich, inklusive Beschneidung, dem Judentum anschließen.
[16] Tatsächlich wurden noch in der ersten Hälfte des 2. Jahrhunderts, in der Bar Kochba Revolte (132-136 n.Chr.), Christen von den aufständischen Juden schwer verfolgt, wovon Justin selbst ein Zeuge war.

öffnest die Augen der Blinden und aus den Fesseln die Gefangenen errettest.'. Ihr Männer, auch das ist nämlich auf Christus und in Bezug auf die Erleuchtung der Heiden gesagt. ...

Wenn nämlich das Gesetz die Heiden und die, welche es haben, erleuchten könnte, wozu bräuchte man noch einen Neuen Bund? Nachdem aber Gott voraus verkündet hatte, er werde einen neuen Bund, ein ewiges Gesetz und ewige Gebote schicken, so werden wir doch nicht dabei an das alte Gesetz und seine Proselyten denken, sondern an Christus und seine Proselyten, das ist an uns Heiden, welche er erleuchtet hat. Denn an anderer Stelle sagt er: ,So spricht der Herr: Zur Gnadenzeit erhöre ich dich und am Tage des Heils war ich dein Helfer, und ich habe dich gemacht zum Bunde der Heiden, dass du aufrichtest das Land und zum Erbe nehmest die verödeten Gegenden.'. Wer ist nun das Erbe Christi? Sind es nicht etwa die Heiden? Wer ist der Bund Gottes? Ist er nicht Christus? Denn wieder an anderer Stelle erklärt er: ,Mein Sohn bist du, heute habe ich dich erzeugt; fordere von mir, und geben werde ich dir Heiden zu deinem Erbe und als deinen Besitz die Grenzen der Erde.'". (Dialog mit Trypho 122).

Es gibt eine spätere Fehlentwicklung dieser noch richtigen Schriftauslegung, eine antisemitische Verzerrung, die als „Ersatz- oder Substitutionstheologie" bezeichnet wird:

„Als Substitutionstheologie ... bezeichnet man eine überlieferte Lehre der christlichen Theologie: Gott habe das Volk Israel seit der Kreuzigung Jesu Christi verworfen und verflucht, seine Erwählung Israels, seinen Bund mit diesem Volk und die ihm geschenkten Verheißungen aufgehoben und sie stattdessen auf die Kirche als neues Volk Gottes übertragen."[17]

Doch dem steht das klare Wort des Paulus gegenüber:

„Ich frage nun: Hat Gott etwa sein Volk verstoßen? Das sei ferne! Denn auch ich bin ein Israelit, aus dem Samen Abrahams, aus dem Stamm Benjamin. Gott hat

---

[17] https://de.wikipedia.org/wiki/Substitutionstheologie

sein Volk nicht verstoßen, das er zuvor ersehen hat! Oder wisst ihr nicht, was die Schrift bei Elia sagt, wie er vor Gott gegen Israel auftritt und spricht: »Herr, sie haben deine Propheten getötet und deine Altäre zerstört, und ich bin allein übriggeblieben, und sie trachten mir nach dem Leben!« Aber was sagt ihm die göttliche Antwort? »Ich habe mir 7.000 Männer übrigbleiben lassen, die ihr Knie nicht gebeugt haben vor Baal.« So ist nun auch in der jetzigen Zeit ein Überrest vorhanden aufgrund der Gnadenwahl [nämlich alle Juden, die bereits Christen geworden sind]. " (Römer 11,1-4).

Israel wurde durch die Gemeinde nicht ersetzt, sondern besteht in der Gemeinde fort; nur, dass es jetzt um Glauben und nicht länger um Abstammung geht. Die Gemeinde *ersetzt* Israel nicht, sie ist die *Vollendung* Israels. Im Hebräerbrief heißt es daher:

„Und diese alle, obgleich sie durch den Glauben ein gutes Zeugnis empfingen, haben das Verheißene nicht erlangt, weil Gott für uns etwas Besseres vorgesehen hat, damit sie nicht ohne uns vollendet würden." (Hebräer 11,39-40).

Darum muss die Gemeinde erfüllt von der Liebe zu denen sein, die leiblich von Abraham abstammen, und sich nichts sehnlicher wünschen, als dass die ausgebrochenen Zweige durch Umkehr und Glauben an Christus wieder eingepfropft werden.

„Denn zu euch, den Heiden, rede ich: Weil ich Apostel der Heiden bin, bringe ich meinen Dienst zu Ehren, ob ich irgendwie meine Volksgenossen zur Eifersucht reizen und etliche von ihnen erretten kann." (Römer 11,13-14).

Das Verhältnis von Christen und Juden ist historisch leider sehr belastet, doch auch eine unnüchterne Israel-Romantik löst die Missverständnisse nicht. Die heiligen Schriften sind hinreichend klar und ausreichend, um Israel richtig zu verstehen.

Abschließend sei noch erwähnt, dass das griechische Wort für Gemeinde (ἐκκλησία / ekklēsia) dem Alten Testament entnommen ist. In der griechischen Übersetzung desselben (LXX), die ja von jüdischen Schriftgelehrten angefertigt worden ist, wird ekklēsia für die Versammlung des Volkes Israel gebraucht (z.B. Deuteronomium 31,30). So bezeugt auch dieser Begriff die Einheit, Kontinuität und Vollendung Israels in der Gemeinde des lebendigen Gottes (1. Timotheus 3,15). Das fleischliche Israel hat lediglich die DNA Abrahams, das wahre Israel hingegen hat den Glauben Abrahams. Dieses ist der Erbe aller Verheißungen.

Das wahre Erbe

Das Volk Israel und das Land Israel gelten als untrennbar miteinander verbunden. Schließlich hat Gott Abrahams Nachkommen das Land Kanaan versprochen, welches sie nach dem Auszug aus Ägypten unter Josua auch eroberten, um das Gericht Gottes über die dort ansässigen sündigen Völker und die noch vorhandenen Riesenstämme zu vollziehen. Nach der Landnahme wurde das ganze Gebiet durch das Los unter die zwölf Stämme aufgeteilt:

„Jeder Bewohner des Gebirges vom Libanon bis Maserephothmain, alle Sidonier – ich selbst werde sie vor Israel her vertilgen. Aber verteile du es für Israel als Erbteil, wie ich dir geboten habe. Und nun, teile dieses Land für die neun Stämme und den halben Stamm Manasse als Erbbesitz auf. Vom Jordan bis zum großen Meer nach Westen hin sollst du es geben; das große Meer wird die Grenze bilden.

Den beiden Stämmen aber und dem halben Stamm Manasse, dem Ruben und dem Gad, hat Mose jenseits des Jordans im Osten Land gegeben. Mose, der Knecht des Herrn, hat es gegeben von Aroër, das am Rand des Tales des Flusses Arnon liegt, und die Stadt in der Mitte der Schlucht und den ganzen Misor von Maidaba bis Daiban, alle Städte Seons, des Königs der Amorräer, der in Esebon als König herrschte, bis zum Gebiet der Ammoniter und die Gileaditis und das Gebiet von Gesiri und des Machati, den ganzen Berg Haermon und die ganze Basanitis bis Selcha, das ganze Königreich Ogs in Basan, der als König herrschte in Astaroth und Edraïna; dieser war übrig geblieben von den Riesen, aber Mose schlug ihn und vernichtete ihn. Aber den Gesiri, den Machati und den Kanaanäer vernichteten die Israeliten nicht, und der König von Gesiri und der Machati wohnten unter den Israeliten bis zum heutigen Tag.

Nur dem Stamm Levi wurde kein Erbbesitz gegeben. Der Herr, der Gott Israels, dieser ist ihr Erbbesitz, wie der Herr ihnen gesagt hatte.“ (Josua 13,6-14).

Diese Landzuteilung sollte unveränderlich bleiben, indem alle 50 Jahre (im Hall- bzw. Jubeljahr) alle zwischenzeitlichen Landverkäufe rückgängig gemacht werden und jeder Stamm, jede Sippe und jede Familie wieder zu dem ursprünglich zugeteilten Erbteil komme.

„Und du sollst dir sieben Ruhejahre abzählen, siebenmal sieben Jahre, und sie sollen für dich sieben Jahrwochen darstellen, 49 Jahre. Und in eurem ganzen Land sollt ihr es durch Trompetenschall im siebten Monat, am Zehnten des Monats, anzeigen. Am Sühnetag sollt ihr es mit der Trompete in eurem ganzen Land anzeigen. Und ihr sollt das 50. Jahr als Jahr heiligen und im Land einen Erlass ausrufen für alle, die darin wohnen. Ein Erlassjahr soll dieses Signal für euch sein und jeder soll zu seinem Besitz zurückkehren. Und ihr sollt zurückkehren, jeder zu seinem Geschlecht. ...

Und das Land soll nicht rechtskräftig verkauft werden; es ist ja mein Land; denn Hinzugekommene und zeitweilige Bewohner seid ihr vor mir. Und überall in dem Land eures Besitzerwerbs sollt ihr Lösegeld geben für das Land." (Levitikus 25,6-10.23-24).

Das ist ein bemerkenswertes Gesetz, das – wie so ziemlich alle Gesetze des Moses – so gut wie nie befolgt wurde. Dennoch war das Erbteil den Israeliten so wichtig, dass beispielsweise Nabot (Nabuthai) es nicht einmal dem König verkaufen wollte:

„Und einen Weinberg hatte der Jezraeliter Nabuthaib neben der Tenne Achaabs, des Königs von Samaria. Und Achaab sprach zu Nabuthai: Gib mir deinen Weinberg und er wird mir als Gemüsegarten dienen, denn dieser ist näher zu meinem Haus, und ich werde dir einen anderen Weinberg, der besser ist als er, geben! Wenn es dir aber gefällt, werde ich dir Geld als Gegenwert dieses deines Weinbergs geben, und er wird mir als Gemüsegarten dienen. Und Nabuthai sagte zu Achaab: Fern sei es von mir vonseiten meines Gottes, dir das Erbe meiner Väter zu geben!" (3. Königtümer [1. Könige] 20,1-3).

Mit dem Gesetz vom Halljahr setzte der Herr einen Riegel vor die Hab- und Besitzgier der Menschen und achtete darauf, dass in Seinem Reich jeder seinen gerechten Anteil habe und bewahre. Niemand darf sich im Reich

Gottes auf Kosten anderer bereichern, niemand darf aufgrund von Verarmung in lebenslange Sklaverei geraten; spätestens alle sieben Jahre – in jedem Sabbatjahr – mussten alle Sklaven freigelassen werden. Alle 50 Jahre sollte jeder wieder seinen Erbbesitz loskaufen können.

Das Wohnen im verheißenen Land war jedoch an eine Bedingung gebunden: das Volk Israel musste das Gesetz befolgen, ansonsten würde es aus dem Land vertrieben und unter die Völker zerstreut. Gott wusste im Voraus, dass genau das geschehen würde:

„Und der Herr sagte zu Mose: Siehe, du wirst bei deinen Vätern schlafen und dieses Volk wird aufstehen und hinter fremden Göttern des Landes, in das dieses Volk hineingeht, herbuhlen; und sie werden mich im Stich lassen und meine Verfügung, die ich an sie erlassen habe, auflösen.

Ich werde an jenem Tag gegen sie in Wut ausbrechen, sie verlassen und mein Angesicht von ihnen abwenden; es [das Volk] wird eine leichte Beute sein, viele Leiden und Bedrängnisse werden es erwischen und es wird an jenem Tag sagen: »Weil der Herr, mein Gott, nicht in meiner Mitte ist, haben diese Übel mich erwischt.« Ich aber werde an jenem Tag mein Gesicht ganz von ihnen abwenden wegen aller Bosheiten, die sie getan haben, weil sie zu fremden Göttern umgekehrt sind.

Und nun, schreibt die Worte dieses Liedes auf und lehrt es die Israeliten, legt es in ihren Mund, damit mir dieses Lied unter den Israeliten zu einem Zeugnis werde. Denn ich werde sie in das gute Land führen, das ich ihren Vätern zugeschworen habe, ein Land, das Milch und Honig ausströmt, und sie werden essen und satt und überdrüssig werden und sich fremden Göttern zuwenden, sie gottesdienstlich verehren und mich zum Zorn reizen und sie werden meine Verfügung auflösen. Und dieses Lied wird sich dem entgegenstellen, indem es offen Zeugnis ablegt; denn es wird aus dem Mund ihrer Nachkommen gewiss nicht der Vergessenheit anheimfallen; denn ich kenne ihre Bosheit, das, was sie hier heute tun, bevor ich sie in das gute Land hineinführe, das ich ihren Vätern zugeschworen habe." (Deuteronomium 31,16-21).

Es kam, wie es vorausgesagt wurde. In der Zeit nach Josua fiel das Volk immer wieder von Gott ab, und andere Völker bedrängten es und gewannen die Oberhand. In Seiner Barmherzigkeit führte Er es immer wieder zur Umkehr und rettete sie durch die Hand der Richter, doch die ganze Zeit hindurch herrschte geistliches Chaos:

„In jenen Tagen gab es keinen König in Israel. Jedermann tat das, was in seinen Augen richtig war." (Richter 21,25).

Doch auch als Gott ihnen einen König gab, blieb es nicht lange besser. Salomo verfiel in den Götzendienst, das Reich spaltete sich. Die nördlichen zehn Stämme trieben es immer schlimmer, bis sie schließlich von den Assyrern überwältigt, verschleppt und zerstreut wurden. Diese zehn Stämme gelten – trotz so mancher Spekulationen über ihre weitere Geschichte – als verloren. Es blieb nur mehr ein kleiner Rest, das Königtum von Juda und Benjamin, das aber auch dem Weg nicht treu blieb und schließlich in babylonische Gefangenschaft geriet. Der Gesetzesbund des Moses scheiterte immer und immer wieder am harten Herzen der fleischlichen Israeliten. Dennoch gewährte Gott ihnen nach 70 Jahren noch einmal eine Rückkehr ins verheißene Land, jedoch unter persischer Oberhoheit. Sie bauten den Tempel wieder auf und befestigten Jerusalem nach dem Wort des Jeremia:

„Wenn der Himmel in die Höhe erhoben ist, sagt der Herr, und wenn der Grund der Erde nach unten erniedrigt ist, werde auch ich das Geschlecht Israels nicht verwerfen, spricht der Herr, wegen allem, was sie getan haben. So hat der Herr gesprochen, der die Sonne als Licht des Tages gab, Mond und Sterne als Licht der Nacht, und Geschrei im Meer, und seine Wellen rauschten, Herr Allherrscher ist sein Name: Wenn diese Gesetze aufhören vor meinem Angesicht, sagt der Herr, wird auch das Geschlecht Israels aufhören, alle Tage ein mir gemäßes Volk zu sein.

Siehe, Tage kommen, sagt der Herr, da wird die Stadt für den Herrn erbaut werden vom Turm Ananeel bis zum Ecktor. Und ihre Vermessung wird gegenüber ihnen ausgehen bis zu den Hügeln Gareb, und sie wird durch einen Kreis aus auserlesenen Steinen umschlossen werden. Und alle Asaremoth bis zum Kidrontal, bis zum Eckstein des Tores der Pferde im Osten, werden Heiligtum für den Herrn sein, und es soll nie mehr aufhören und bis in Ewigkeit nicht zerstört werden." (Jeremia 38[31],35-40).

Nach den von Jeremia exakt vorausgesagten siebzig Jahren kehrte ein Überrest des Volkes – eigentlich nur ein Bruchteil von Juda und Benjamin – aus der babylonischen Gefangenschaft zurück und befestigte exakt nach diesen Worten die Mauern Jerusalems und baute den Tempel wieder auf. Gott steht unverbrüchlich zu Seinem Volk und sagt, dass sowohl das Volk als auch die Stadt ewig vor Ihm bestehen würden. Ewig, das heißt: *„Wenn diese Gesetze aufhören vor meinem Angesicht, sagt der Herr, wird auch das Geschlecht Israels aufhören, alle Tage ein mir gemäßes Volk zu sein."* Er bezieht sich damit nicht auf Moses, sondern auf die Gesetze, welche die ganze Schöpfung befolgt.

Darum irritiert es, dass Jerusalem 40 Jahre nach der Erhöhung des Christus, am 30. August 70 n.Chr., erneut von den Römern zerstört wurde. Der Überlieferung nach brannte der Tempel Jerusalems an exakt demselben Tag, als die Babylonier 587/586 v.Chr. Jerusalem und den Tempel Salomos zerstörten. Die Juden wurden nun weltweit zerstreut und waren bis zum Jahr 1948 von ihrem Heimatland getrennt. Dass der junge Staat Israel allen Angriffen widerstehen konnte und bis heute (2025) besteht, gilt vielen als ein Wunder, während andere darauf hinweisen, dass sie auch stark auf die Unterstützung durch die USA bauen können.

Die Rückkehr ins Land ist in den Propheten jedoch an Umkehr und Glauben gebunden, sowie an das Erscheinen des Messias, unseres Herrn Jesus; beides war bei der Staatengründung Israels nicht gegeben. Israel ist ein säkularer Staat, in dem Juden, welche an den Herrn Jesus als Messias Israels glauben, diskriminiert werden. Gleichzeitig gibt es aber eine „messianische" Bewegung, die Israel in einen jüdischen Gottesstaat im Sinne des Alten Bundes transformieren will:

„In der Konsequenz heißt das dann aber auch, dass Israel nicht mehr ein „demokratischer und jüdischer Staat" wäre, wie bislang. Sondern ein jüdischer Staat, in dem – Smotrich sagt das deutlich – die Halacha,[18] das Religionsgesetz, das Gesetz des Staates sein würde. Liberalismus? Ade. Minderheitenrechte? Ade. Schutz der Nichtjuden? Ade. ...

Es geht darum, das heute noch „profane" Israel vorzubereiten für den Moment der Erlösung. Der kommt in dem Augenblick, in dem der Messias endlich erscheint. Was diese „messianischen Juden" tun, ist diesen Moment sozusagen erzwingen zu wollen.

Sie versuchen alles, um den Bau des „Dritten Hauses" zu beschleunigen. Das Dritte Haus – damit ist der Dritte Tempel gemeint, der an genau derselben Stelle stehen soll wie schon der Erste Tempel des Salomon und der Zweite Tempel, von dem vor allem die Westmauer, die sogenannte „Klagemauer", erhalten ist. Der Dritte Tempel wird erbaut – so die Schriften – wenn der Messias erscheint.

Was die ideologischen Siedler wollen, ist, dass er „jetzt" „sofort" kommt, dass die Erlösung des jüdischen Volkes und der Welt „gleich" geschieht. Im extremsten Fall bedeutete das, die Al-Aksa Moschee und den Felsendom zu „beseitigen" – beide stehen auf dem Tempelplateau genau dort, wo sich der Tempel und das Allerheiligste befanden. ...

---

[18] *„Die Basis der Halacha (dt. Religionsgesetz; Pl. „Halachot"; vom hebr. „haloch"- gehen, im Sinne von „Lebensweg") bilden die Ge- und Verbote der schriftlichen (Thora) und der mündlichen Lehre (Mischna/Talmud). Wie jedes Rechtssystem kann auch die Halacha ohne Auslegungen nicht in der sich stets verändernden Realität angewendet werden. So beschäftigten sich die Gelehrten des Talmuds bis hin zu den rabbinischen Autoritäten der Moderne mit Fragen der Exegese und legten aufgrund ihres Verständnisses halachische Entscheide fest."* https://swissjews.ch/de/services/wissen/factsheets/halacha/

So gibt es also viele Schnittstellen zwischen Ben Gvir und Smotrich, zwischen beiden Ideologien, selbst wenn sie sich in Struktur und Ausrichtung unterscheiden mögen. Am Schluss geht es nur um eines: Einen Judenstaat zu schaffen, der nach der Halacha geführt wird. Ein Judenstaat für Juden. Nicht für die Bürger des Staates. Ein Judenstaat, der Minderheiten nicht schützt."[19]

Jerusalem wird deshalb auch als „das Pulverfass des Nahen Ostens" bezeichnet. Viele israelfreundliche Christen unterstützen dies sogar und erwarten tatsächlich den Bau des „Dritten Tempels", bereit, dazu auch politisch und finanziell beizutragen. Sie sehen den Staat Israel als die Erfüllung der Prophetien über die Rückkehr des Volkes in das verheißene Land am Ende der Zeiten. In Endzeitkonferenzen wird darüber spekuliert, die Erwartungshaltung ist groß. Aber ist das wirklich so gemeint?

Tatsächlich glaube ich, dass der Dritte Tempel gebaut werden wird, doch er wird nicht Gottes Anerkennung finden. Im Gegenteil:

„Und mir wurde eine Messrute gegeben, gleich einem Stab; und der Engel stand da und sagte: Mache dich auf und miss den Tempel Gottes samt dem Altar, und die, welche darin anbeten! Aber den Vorhof, der außerhalb des Tempels ist, lass aus und miss ihn nicht; denn er ist den Heidenvölkern übergeben worden, und sie werden die heilige Stadt zertreten 42 Monate lang. Und ich will meinen zwei Zeugen geben, dass sie weissagen werden 1 260 Tage lang, bekleidet mit Sacktuch. …

Und wenn sie ihr Zeugnis vollendet haben, wird das Tier, das aus dem Abgrund heraufsteigt, mit ihnen Krieg führen und sie überwinden und sie töten. Und ihre Leichname werden auf der Straße der großen Stadt liegen, die im geistlichen Sinn Sodom und Ägypten heißt, wo auch unser Herr gekreuzigt worden ist." (Offenbarung 11,1-3.7-8).

---

[19] Richard C. Schneider am 16. März 2023 in https://libmod.de/das-messianische-prinzip-bedrohung-fuer-das-demokratische-israel/

So betrachtet der Herr Jerusalem, nachdem der Neue Bund (durch Tod und Auferstehung Christi) in Kraft getreten ist: als Sodom und Ägypten! Damit verwirft Er selbst das buchstäbliche Jerusalem und hat nichts Gutes mehr über diese Stadt zu sagen. Ebenso spricht Er selbst den fleischlichen Juden ab, überhaupt Juden zu sein (Offenbarung 3,9).

Das fleischliche Israel hatte die Landverheißungen – und diese Israeliten tun heute alles in ihrer Kraft, um ihren alttestamentlichen Messias durch Wiederherstellung der Gesetzestreue herbeizuzwingen. Welche Beziehung hat aber das geistliche, das wahre Israel, zu den Landverheißungen? Keine. Und doch gehört auch zum Neuen Bund die Verheißung eines Erbteils:

„[Christus beauftragte Paulus:] Ich will dich erretten von dem Volk und den Heiden, unter die ich dich jetzt sende, um ihnen die Augen zu öffnen, damit sie sich bekehren von der Finsternis zum Licht und von der Herrschaft des Satans zu Gott, damit sie Vergebung der Sünden empfangen und ein Erbteil unter denen, die durch den Glauben an mich geheiligt sind!" (Apostelgeschichte 26,17-18).

Das Erbteil, das wir erwarten, gründet auf Glauben, nicht auf Abstammung. Der Staat Israel beharrt hingegen im Unglauben und will vom Herrn Jesus Christus nichts wissen. Wird Gott diesen Unglauben segnen? Wohl kaum. Auch wir blicken auf Jerusalem, aber auf das wahre Jerusalem:

„Das obere Jerusalem aber ist frei, und dieses ist die Mutter von uns allen." (Galater 4,26).

In den Psalmen lesen wir etwas Unvorstellbares:

„Seine Fundamente sind in den heiligen Bergen; der Herr liebt die Tore Sions mehr als alle Wohnungen Jakobs. Herrliches ist über dich gesprochen worden, Stadt Gottes.

Ich will Raab und Babylon in Erinnerung rufen denen, die mich kennen; und siehe, die Andersstämmigen und Tyros und das Volk der Äthiopier, diese sind dort geboren.

Mutter Sion wird ein Mensch sagen, und ein Mensch wurde in ihr geboren, und der Höchste selbst hat ihr Fundament gelegt. Der Herr wird es erzählen in der Niederschrift der Völker und jener Herrscher, die in ihr waren. Wie wenn alle sich freuen, so ist das Wohnen in dir." (Psalm 86[87]).

Hier wird nicht über das buchstäbliche Jerusalem gesungen, denn all die genannten Heidenvölker (und ehemaligen Feinde Israels) haben ihre Wurzeln ja nicht in der Königsstadt Israels. Es ist die Rede von einer *„Niederschrift der Völker"*, einer Botschaft, welche schriftlich an die Nationen ergehen würde.[20] Ich denke, damit ist das Evangelium Christi gemeint, sodass dieser Psalm den Neuen Bund besingt und somit ein anderes Jerusalem. Es ist ein Jerusalem, dessen Fundamente Gott gelegt hat. Athanasius von Alexandrien (295-373) sagt dazu:

„Ich werde Raabs und Babylons gedenken." Ich werde die in gutem Andenken behalten, welche sich zu mir wenden, oder auch die, welche über Gebühr sich dem Vergnügen hingegeben haben oder zu sehr den Götzen dienen. Denn das deutete er uns an durch Raab und Babylon. „Siehe, die Fremden und Tyrus und das Volk der Äthiopier." Deutlich lehren uns die Worte, dass die Kirche eben aus allen Völkern sich gebildet hat." (Erklärung der Psalmen, Psalm 86)

Diese Stadt hat Abraham erwartet:

„Durch Glauben gehorchte Abraham, als er berufen wurde, nach dem Ort aus-zuziehen, den er als Erbteil empfangen sollte; und er zog aus, ohne zu wissen, wohin er kommen werde. Durch Glauben hielt er sich in dem Land der Verheißung auf wie in einem fremden, und wohnte in Zelten mit Isaak und Jakob, den Miterben derselben Verheißung; denn er wartete auf die Stadt, welche die Grundfesten hat, deren Baumeister und Schöpfer Gott ist. ...

Diese alle sind im Glauben gestorben, ohne das Verheißene empfangen zu haben, sondern sie haben es nur von ferne gesehen und waren davon überzeugt, und haben

---

[20] Andere deuten dies als das Buch des Lebens, in das alle Gläubigen eingeschrieben werden.

es willkommen geheißen und bekannt, dass sie Gäste ohne Bürgerrecht und Fremdlinge sind auf Erden; denn die solches sagen, geben damit zu erkennen, dass sie ein Vaterland suchen. Und hätten sie dabei jenes im Sinn gehabt, von dem sie ausgegangen waren, so hätten sie ja Gelegenheit gehabt, zurückzukehren; nun aber trachten sie nach einem besseren, nämlich einem himmlischen. Darum schämt sich Gott ihrer nicht, ihr Gott genannt zu werden; denn er hat ihnen eine Stadt bereitet." (Hebräer 11,8-10.13-16).

Es geht um das himmlische Jerusalem, dessen Baumeister Gott ist. Damit ist der Blick des wahren Israels zwangsläufig auch auf das wahre Jerusalem ausgerichtet, und nicht auf das schattenhafte und vorläufige irdische Jerusalem. Darum dürfen wir uns für das Wohl dieser Stadt auch nicht vereinnahmen lassen und ereifern. Dieses Jerusalem hat nicht mehr die Billigung Gottes, es ist vergangen, weil es nur ein Hinweis auf die Stadt war, die in der Neuen Schöpfung vom Himmel auf die neue Erde herabkommen soll. Diese Stadt ist zugleich die Braut Christi, die Gemeinde, bzw. das wahre Israel, in Einheit gegründet auf den zwölf Stammvätern und den zwölf Aposteln.

„Und es kam zu mir einer der sieben Engel, welche die sieben Schalen hatten, die mit den sieben letzten Plagen gefüllt waren, und redete mit mir und sprach: Komm, ich will dir die Frau, die Braut des Lammes, zeigen!

Und er brachte mich im Geist auf einen großen und hohen Berg und zeigte mir die große Stadt, das heilige Jerusalem, die von Gott aus dem Himmel herabkam, welche die Herrlichkeit Gottes hat. Und ihr Lichtglanz gleicht dem köstlichsten Edelstein, wie ein kristallheller Jaspis. Und sie hat eine große und hohe Mauer und zwölf Tore, und an den Toren zwölf Engel, und Namen angeschrieben, nämlich die der zwölf Stämme der Söhne Israels. Von Osten her gesehen drei Tore, von Norden drei Tore, von Süden drei Tore, von Westen drei Tore. Und die Mauer der Stadt hatte zwölf Grundsteine, und in ihnen waren die Namen der zwölf Apostel des Lammes." (Offenbarung 21,9-14).

Wie ist es aber im 1.000-jährigen Friedensreich Christi (Millennium) auf der Erde (Offenbarung 20,1-10)? Im Buch der Offenbarung wird hier Jerusalem nicht namentlich genannt, was bemerkenswert ist, angesichts der alttestamentlichen Prophezeiungen. Lediglich vom *„Heerlager der Heiligen und der geliebten Stadt"* ist die Rede. Es ist durchaus denkbar, dass damit das irdische Jerusalem gemeint ist, doch das Reich Gottes im Millennium ist weltweit und nicht mehr auf die engen Grenzen Israels beschränkt. Auch ist das Millennium nicht ewig, sondern auf 1.000 Jahre begrenzt, und damit ist es noch nicht die Vollendung. Über die Details des Millenniums mag man geteilter Meinung sein, ohne sich deswegen zu spalten, wie Justin der Märtyrer deutlich macht:

„Tryphon entgegnete hierauf: „Mein Herr, ich habe dir erklärt, du bemühst dich stets, sichere Wege zu gehen, wenn du es mit der Schrift zu tun hast. Sage mir aber: behauptet ihr wirklich, dass unsere Stadt Jerusalem wieder aufgebaut werden wird, und erwartet ihr, dass euer Volk in Freude bei Christus zusammenkommen wird zugleich mit den Patriarchen und Propheten und unseren Volksgenossen oder auch denen, welche vor Ankunft eures Christus Proselyten geworden sind? Oder hast du dich auf diese Erklärung (von Jesaja 8,4) eingelassen, um den Schein zu erwecken, als wärest du in der Disputation (über Jesaja 7,14) uns völlig überlegen?"

Ich antwortete: „Tryphon, ich bin nicht so erbärmlich, dass ich anders rede, als ich denke. Ich habe nun auch schon früher dir erklärt, dass noch viele andere mit mir diese Anschauung haben; uns ist es also ganz gewiss, dass die Zukunft sich so gestalten wird. Dass aber andererseits auch unter den Christen der reinen und frommen Richtung viele diese Anschauung nicht teilen, habe ich dir angedeutet. …

Ich aber und die Christen, soweit sie in allem rechtgläubig sind, wissen, dass es eine Auferstehung des Fleisches gibt, und dass tausend Jahre kommen werden in dem aufgebauten, geschmückten und vergrößerten Jerusalem, wovon die Prophe-

ten Hesekiel und Jesaja und die übrigen sprechen." (Dialog mit Trypho 80,1-2.5).

Wir setzen unsere Hoffnung aber nicht auf das Millennium, das vergehen wird, sondern auf das, was danach kommt. Dort ist auch unser Erbe verortet:

„Gelobt sei der Gott und Vater unseres Herrn Jesus Christus, der uns aufgrund seiner großen Barmherzigkeit wiedergeboren hat zu einer lebendigen Hoffnung durch die Auferstehung Jesu Christi aus den Toten, zu einem unvergänglichen und unbefleckten und unverwelklichen Erbe, das im Himmel aufbewahrt wird für uns, die wir in der Kraft Gottes bewahrt werden durch den Glauben zu dem Heil, das bereit ist, geoffenbart zu werden in der letzten Zeit." (1. Petrus 3,3-5).

„Da nun dies alles aufgelöst wird, wie sehr solltet ihr euch auszeichnen durch heiligen Wandel und Gottesfurcht, indem ihr das Kommen des Tages Gottes erwartet und ihm entgegeneilt, an welchem die Himmel sich in Glut auflösen und die Elemente vor Hitze zerschmelzen werden!

Wir erwarten aber nach seiner Verheißung neue Himmel und eine neue Erde, in denen Gerechtigkeit wohnt. Darum, Geliebte, weil ihr dies erwartet, so seid eifrig darum bemüht, dass ihr als unbefleckt und tadellos vor ihm erfunden werdet in Frieden!" (2. Petrus 3,11-14).

Ich höre in protestantischen Predigten auffällig wenig über dieses Erbe, das für uns aufbewahrt ist. Das hat zwei wesentliche Ursachen: (a) wir Christen haben uns theologisch dermaßen von Israel abgegrenzt, dass wir die Ver-heißungen, die Gott Israel gegeben hat, nicht mehr auf uns beziehen. Stattdessen meinen wir, dass sie sich noch buchstäblich für das fleischliche Israel erfüllen würden. Doch dieses ist obsolet geworden wie der ganze Alte Bund. Israel wird in der Gemeinde zur Vollkommenheit gebracht. (b) Unsere Vorstellung von der Ewigkeit ist nebulös und wolkig, auch die leib-liche Auferstehung ist vielen „suspekt", und sie können damit nichts anfangen. Anstelle der christlichen Hoffnung ist eine Art gnostisch-esoterische Körperlosigkeit getreten, die für die Aussicht eines Erbteils keinen Raum lässt, da dieses (wenn auch verherrlicht) durchaus physisch und materiell sein wird.

Wie sind aber die ganzen Rückführungs- und Wiederherstellungsverheißungen für Israel dann zu verstehen? Zum Teil wurden sie in der Rückkehr aus dem babylonischen Exil erfüllt, großteils aber müssen sie geistlich gedeutet werden, nicht buchstäblich. Ein Beispiel dieser geistlichen Deutung finden wir in den Psalmen:

„Der Herr ist der Anteil meines Erbes und meines Bechers; Du bist es, der mir mein Erbe wiederherstellt. Die Messschnüre sind für mich auf das beste Land gefallen; es ist ja auch mein Erbe für mich das Beste." (Psalm 15[16],5-6).

Die Wortwahl spielt auf die Landverteilung unter Josua an, aber David versteht dies geistlich: *„Der Herr ist der Anteil meines Erbes."* Dies galt in den Tagen Josuas und während des ganzen Alten Bundes einzig für den Stamm Levi, David aber kommt aus dem Stamm Juda! Wie kann er also das Wort für Levi auf sich beziehen? Indem er erkannt hat, dass die Landverheißung geistlich zu verstehen ist:

„Ich will den Herrn preisen, der mich verständig gemacht hat." (Psalm 15[16],7).

So fügt sich alles zusammen:

- Das Gesetz erfüllt sich in und durch Christus.
- Das Volk Gottes wird im geistlichen Israel zur Vollendung gebracht.
- Die Beschneidung erfüllt sich in der Beschneidung des Herzens.
- Das Erbe ist nicht auf das Land Israel und die zwölf Stämme begrenzt, sondern es ist (a) der Herr selbst, und (b) unser Anteil am ewigen Reich Gottes in der Neuen Schöpfung.

Als Maria und Martha den Herrn Jesus zu Gast hatten, zeigten beide Schwestern ein unterschiedliches Verhalten:

„Es begab sich aber, als sie weiterreisten, dass er in ein gewisses Dorf kam; und eine Frau namens Martha nahm ihn auf in ihr Haus. Und diese hatte eine Schwester, welche Maria hieß; die setzte sich zu Jesu Füßen und hörte seinem Wort zu. Martha aber machte sich viel zu schaffen mit der Bedienung. Und sie trat herzu und sprach: Herr, kümmerst du dich nicht darum, dass mich meine Schwester allein dienen lässt? Sage ihr doch, dass sie mir hilft! Jesus aber antwortete und sprach zu ihr: Martha, Martha, du machst dir Sorge und Unruhe um vieles; eines aber ist not. Maria aber hat das gute Teil erwählt; das soll nicht von ihr genommen werden!" (Lukas 10,38-42).

Das gute Teil (dasselbe Wort wie das „Erbteil"), das Maria erwählt hatte, war der Herr selbst. Sie repräsentiert gewissermaßen den Neuen Bund, während Martha sich noch abmühte und den Gesetzesbund darstellt, der den Herrn verpasst hat.

Der wahre Sabbat

Viel Streit und mehrere Spaltungen drehen sich um die Frage des Sabbats. Zu nennen sind hier besonders die Adventisten, Siebentagsbaptisten, Christen, welche die Thora befolgen, aber auch die Verlegung der Sabbatvorschriften auf den Sonntag, wie bei den strikten Calvinisten, welche auf der Sabbatruhe am Sonntag vehement bestehen. Ich habe das selbst in Schottland mit einiger Faszination kennengelernt. Interessanterweise wurde der Sabbat unter den ersten Christen kaum diskutiert, im Gegensatz zum Streit um die Beschneidung.

Vorweg ein paar Bemerkungen:

Der Sonntag ist nicht der Sabbat. Der Sonntag ist und bleibt der erste Tag der Woche, der Sabbat (Samstag) der siebte. Die Einführung der Sonntagsruhe verwischte diese Unterscheidung, sodass der Sonntag heute Teil des Wochenendes ist und von vielen als der siebte Tag missverstanden wird. Karl Veitschegger fasst zusammen:

„Erst Kaiser Konstantin erlaubt das Christentum und ordnet im Jahr 321 eine weitgehende Sonntagsruhe an: Jegliche Arbeit, die Feldarbeit ausgenommen, wird verboten; mit Ausnahme der Sklavenfreilassung dürfen keine Gerichtshandlungen stattfinden; für christliche Soldaten wird der Sonntagsgottesdienst zur Pflicht, für heidnische Soldaten werden eigene zumutbare religiöse Feiern gehalten.

Vorbild Sabbat

Im Laufe der Zeit gleicht sich der Sonntag (1. Tag der Woche) äußerlich immer stärker dem jüdischen Ruhetag, dem Sabbat (7. Tag der Woche) an. Das Judentum feiert am Sabbat die Vollendung der ersten Schöpfung, Christen und Christinnen feiern am Sonntag den Beginn der neuen Schöpfung.“[21]

---

[21] https://karl-veitschegger.at/texte/sonntag.htm

Dass die ersten Christen und nach ihnen auch die frühe Kirche sich am Tag der Auferstehung versammelten, um das Brot zu brechen (Apostelgeschichte 20,7), wird kaum bestritten. Diese Versammlungen fanden an Arbeitstagen statt, entweder vor Sonnenaufgang oder nach Sonnenuntergang, oder beides, wie Plinius der Jüngere in Verhören von Christen erfuhr:

„Sie versicherten darüber hinaus, ihre ganze Schuld oder ihr ganzer Irrtum habe darin bestanden, dass sie sich gewöhnlich an einem bestimmten Tage vor Sonnenaufgang versammelten, Christus wie einem Gott einen Wechselgesang darbrachten und sich durch Eid nicht etwa zu irgendeinem Verbrechen verpflichteten, sondern keinen Diebstahl, Raubüberfall oder Ehebruch zu begehen, ein Versprechen nicht zu brechen, eine angemahnte Schuld nicht abzuleugnen. Danach seien sie gewöhnlich auseinander gegangen und dann wieder zusammengekommen, um Speise zu sich zu nehmen und zwar ganz gewöhnliche und unschädliche." (Brief X 96 an Kaiser Trajan).[22]

Die Schwierigkeit, über den Sabbat zu reden, beruht auf diesen Entwicklungen, die vielen einfach nicht bekannt sind. Zudem kursieren immer wieder einige Behauptungen, die gar nicht oder nicht ganz stimmen. Manche behaupten, die frühen Christen hätten ganz selbstverständlich den Sabbat gehalten; darauf kommen wir noch zurück. Einige christliche Gruppen meinen tatsächlich, der Herr Jesus sei am Sabbat auferstanden:[23]

„Die Bibel spricht im griechischen Grundtext des Neuen Testaments niemals von der Auferstehung Jesu „an einem Sonntag", sondern sie sagt wörtlich „an einem Sabbat" oder „an einem der Sabbate" (τη μια των σαββατων), weil es beim „Fest der Ungesäuerten Brote" (Passah-Fest) immer 3 Sabbate innerhalb von nur 7 Tagen gibt. … Über viele Jahrhunderte hindurch war es gar nicht möglich, eine Bibel zu finden, die vom Sonntag sprach, weil sie alle entweder die Sabbat- oder

---

[22] https://www.uni-siegen.de/phil/kaththeo/antiketexte/ausser/8.html
[23] Ich hatte diesbezüglich vor Jahren einen längeren fruchtlosen Briefwechsel mit einem vehementen Vertreter dieser Minderheitenansicht.

den Samstags-Auferstehung Jesu erwähnten... Niemand kann diese historischen
Fakten leugnen."[24]

Unser Herr Jesus ist tatsächlich von den Toten auferstanden, und die ersten
Christen versammelten sich auch regelmäßig am Tag Seiner Auferstehung
Aber war dies tatsächlich ein Sabbat, oder wie unsere Übersetzungen es
wiedergeben: *„am ersten Tag der Woche"*, am Sonntag?

*„Am ersten Tag der Woche aber, als die Jünger versammelt waren, um das Brot zu
brechen, unterredete sich Paulus mit ihnen."* (Apostelgeschichte 20,7).

Wo die Übersetzer *„am ersten Tag der Woche"* schrieben, steht im griechischen Text tatsächlich: *„μια των σαββατων / mia ton sabbaton"* und das be-
deute nach obigem (Miss-)Verständnis: *„an einem der Sabbate"*. „An einem
der Sabbate" sei auch der Herr auferstanden, meinen sie, denn dieselbe
Wendung findet sich in den Auferstehungsberichten (Lukas 24,1; Johannes
20,1+19). Allerdings missverstehen sie diese Wendung gewaltig, denn *„μια
των σαββατων / mia ton sabbaton"* meint tatsächlich den ersten Wochentag.
Die Wochentage wurden bei Juden einfach nur abgezählt, was die Christen
übernommen haben, während Griechen, Römer und Germanen ihnen die
Namen heidnischer Götter gaben, die wir bis heute bedenkenlos gebrauchen.[25]

„Im griechischen neuen Testament der Bibel wird in Markus 16:1-2 ein unge-
wöhnlicher Ausdruck verwendet, der von einigen mit "der erste der Sabbate"
übersetzt wurde, von anderen jedoch als "der erste Tag der Woche" ausgelegt wird.
Das Missverständnis kann entstehen, wenn man den griechischen Text ohne
Berücksichtigung des aramäischen Hintergrunds interpretiert. Es handelt sich um

---

[24] https://menora-bibel.jimdofree.com/auferstehung-am-sabbat/
[25] Sonntag und Montag beziehen sich auf den Sonnengott und den Mondgott, Dienstag auf
den germanischen Kriegsgott Tiu, Donnerstag auf Donar bzw. Thor, Freitag auf die Göttin
Freya. Der Mittwoch war ursprünglich Wotan geweiht (im Englischen Wednesday ist er noch
erhalten). Samstag geht auf eine althochdeutsche Verballhornung von Sabbat zurück, im
englischen Saturday wird auf Saturn verwiesen.

eine aus dem aramäischen übertragene Formulierung. Die Formulierung "te mia [hemera ton] sabbaton" bedeutet "der erste [Tag] seit / nach dem Sabbat".[26]

Wer sollte es besser wissen las die frühen Christen, die diese Praxis noch von jenen ersten Gemeinden übernommen haben, welche selbst dem Judentum entwuchsen? Der Autor der ersten Kirchengeschichte, Eusebius von Caesarea (260-339), hat in einem Brief an Marinus die Wochentage erklärt:

„Es war üblich, die ganze Woche „Sabbat" zu nennen, und alle (Wochen)Tage auf diese Weise zu benennen. Jedenfalls heißt es bei den Evangelisten: der erste der Sabbate („μια των σαββατων / mia ton sabbaton"), der zweite der Sabbate und der dritte und der vierte der Sabbate."[27]

Das haben sie von der jüdischen Woche übernommen (wie schon die jüdischen Schreiber des Neuen Testaments), und sollte eigentlich hinlänglich bekannt sein. Auf diese Weise vermieden die frühen Christen auch den Gebrauch der heidnischen Götternamen. In den Evangelien heißt es ausdrücklich:

„Nach dem Sabbat aber, als der erste Tag der Woche anbrach, kamen Maria Magdalena und die andere Maria, um das Grab zu besehen. Und siehe, es geschah ein großes Erdbeben, denn ein Engel des Herrn stieg vom Himmel herab, trat herzu, wälzte den Stein von dem Eingang hinweg und setzte sich darauf. Sein Aussehen war wie der Blitz und sein Gewand weiß wie der Schnee. Vor seinem furchtbaren Anblick aber erbebten die Wächter und wurden wie tot." (Matthäus 28,1-4).

Der Herr stand am Tag *nach* dem Sabbat von den Toten auf, am ersten Tag der Woche. Das ist, wie wir noch sehen werden, wichtig für die Frage nach dem Sabbat. Doch nun zum Eigentlichen:

---

[26] https://www.academia.edu/90224047/Die_Bedeutung_von_te_mia_ton_sabbaton
[27] https://auslegungssache.at/8501/am-ersten-tag-der-woche/

Die Schöpfung schließt mit der Schöpfungsruhe:

„Und Gott vollendete am sechsten Tag seine Werke, die er gemacht hatte, und er ruhte am siebten Tag von all seinen Werken, die er gemacht hatte, aus. Und Gott segnete den siebten Tag und heiligte ihn, weil er an ihm von all seinen Werken, die Gott zu machen angefangen hatte, ausruhte." (Genesis 2,2-3).

Dieses Ruhen hat nichts mit Müdigkeit oder Erschöpfung zu tun. Das Wort „καταπαύω / katapauō" bedeutet schlicht „aufhören etwas zu tun", weil man fertig mit der Arbeit ist. Dahinter steckt ein Wort (παύω / pauō), von dem sich unser Wort Pause herleitet.

Rob L. Solberg zitierte in seinen Videos, die ich gerne empfehle,[28] einmal einen Kommentar, der darauf hinwies, dass sich der siebte Tag von allen anderen unterscheide: Während es bei den ersten sechs Tagen heißt: *„Und es wurde Abend und es wurde Morgen, [erster bis] sechster Tag"*, womit derjenige Tag abgeschlossen wurde, fehlt beim Sabbat ein solcher Abschluss. Das deutete der Ausleger so, dass damit angedeutet wurde, die Ruhe Gottes sollte ewig andauern. Das macht im Hinblick auf den Hebräerbrief Sinn, der die Sabbatruhe tatsächlich so in Aussicht stellt:

„Also bleibt dem Volk Gottes noch eine Sabbatruhe vorbehalten; denn wer in seine Ruhe eingegangen ist, der ruht auch selbst von seinen Werken, gleichwie Gott von den seinen." (Hebräer 4,9-10).

Wäre das Halten des Sabbattages diese Ruhe, ergäbe dieser Satz keinen Sinn. Also weist der Sabbat über sich hinaus in die Wiederherstellung aller Dinge (Apostelgeschichte 3,21), die Vollendung im Reich Gottes.

So ist mit dem Sabbat der Schöpfung auch keinerlei Gebot an die Menschen verbunden. Gott ruhte, Gott war fertig, der Garten Eden war angelegt, fortan sollten Adam und Eva in der Sabbatruhe Gottes mit Ihm ewig leben. Wäre die Sünde nicht dazwischen gekommen, wäre es auch so geblieben.

---

[28] https://www.youtube.com/@TheBiblicalRoots

Mit der Sünde ergab sich die Notwendigkeit, nun eine neue Schöpfung vorzubereiten. Die Heilsgeschichte nahm ihren Lauf.

Im gesamten Buch Genesis wird der Sabbat nun nicht mehr erwähnt. Im Bund Gottes mit Noah kommt er nicht vor, im Bund Gottes mit Abraham bleibt er unerwähnt, weder Isaak noch Jakob wird der Sabbat auferlegt. Wir reden hier von mehreren tausend Jahren! Erst mit dem Gesetzesbund tritt auch das Sabbatgebot in Kraft; kurz zuvor schon beim Einsammeln des Mannas:

„Der Herr aber sagte zu Mose: Siehe, ich lasse für euch Brote vom Himmel regnen, und das Volk soll hinausgehen, und sie sollen den täglichen Bedarf einsammeln, damit ich sie auf die Probe stelle, ob sie mit meinem Gesetz wandeln werden oder nicht. Und am sechsten Tag soll es sein, da sollen sie bereitlegen, was sie heimbringen wollen. Und es wird das Doppelte von dem sein, was sie sonst als täglichen Bedarf gesammelt haben." (Exodus 16,4-5).

Der Sabbat wurde so zur ersten Probe, ob die Israeliten nach Gottes Gesetzen leben wollten oder nicht. Die Antwort folgte postwendend:

„Sechs Tage sollt ihr es sammeln. Am siebten Tag aber ist Sabbat. An ihm wird es nicht auf dem Feld sein. Es geschah aber am siebten Tage, dass einige aus dem Volk hinausgingen, um zu sammeln, und sie fanden nichts. Da sagte der Herr zu Mose: Wie lange noch wollt ihr nicht meine Gebote und mein Gesetz hören? Seht, der Herr hat euch nämlich diesen Tag, den Sabbat, gegeben. Deshalb hat er selbst euch am sechsten Tag Brote für zwei Tage gegeben. Bleibt ein jeder in euren Häusern sitzen; niemand soll hinausgehen von seinem Ort am siebten Tag." (Exodus 16,26-29).

Am Berg Sinai erhielt Israel schließlich den Gesetzbund in Form von zehn auf Steintafeln gravierten Geboten. Darin heißt es ausdrücklich:

„Gedenke an den Tag des Sabbats, ihn zu heiligen. Sechs Tage sollst du arbeiten und alle deine Werke tun. Am siebenten Tag aber sind Sabbate für den Herrn,

deinen Gott. Du sollst an ihm keinerlei Arbeit tun: du und dein Sohn und deine Tochter, dein Diener und deine Dienerin, dein Rind und dein Esel und jedes Stück deines Viehs und der Hinzugekommene, der bei dir wohnt. Denn in sechs Tagen machte der Herr den Himmel und die Erde und das Meer und alles, was darinnen ist, und am siebten Tag ruhte er. Darum segnete der Herr den siebten Tag und heiligte ihn." (Exodus 20,8-11).

So wie Gott Seine Werke in sechs Tagen vollendet hat, sollen auch wir unsere Werke nach sechs Tagen als vollendet betrachten und wie Er ruhen: Mann, Frau, Kinder, Freie, Sklaven, Einheimische, Fremde und das ganze Vieh. Es wird kein Synagogenbesuch angeordnet, keine spezielle Feier – all das kam später als religiöser Brauch hinzu. Ich habe an solchen Sabbatfeiern schon teilgenommen; sie sind schön ausgestaltet und durchaus erhebend, aber sie sind eben nicht biblisch, sondern eine rein menschliche Tradition.

Um den Sabbat zu erfüllen, genügt es, nichts zu tun. Weil das den Juden zu unkonkret war, begannen sie zu definieren, was Arbeit alles sei: Wieviele Schritte sind erlaubt, bevor es in Arbeit ausartet? Daraus ergibt sich die Distanz eines „Sabbatweges" (ca. 1 Kilometer), die man am Sabbat zurücklegen darf, ohne diesen zu brechen. Juden siedelten sich daher in der Regel innerhalb eines Sabbatweges um ihre Synagogen an. Im Talmud gibt es eine Liste von 39 verbotenen Arbeiten (Melachot). Dies und viel mehr wurde in den vom Herrn so oft gescholtenen „Überlieferungen der Väter" genauestens festgehalten. Das reizt natürlich dazu, Schlupflöcher zu finden, denn – strenggenommen – erzeugt man bereits beim Betätigen eines Schalters einen Funken, also Feuer, und das ist ja verboten. Mein Bruder, der einige Zeit in Israel gelebt hatte, erzählte mir vom Sabbat-Fahrstuhl. Dazu heißt es anderswo:

„Ein Sabbat-Fahrstuhl ist eine eigens konfigurierte Aufzuganlage, die von Juden nach bestimmten Auslegungen des jüdischen Rechts am Schabbat ohne Betätigung elektrischer Schalter oder Türen benutzt werden kann. Sie fahren automatisch

jedes Stockwerk an, wobei sich dort die Türen automatisch öffnen und schließen, sodass zu ihrer Benutzung kein Schalter betätigt werden muss. Auch elektrisch betriebene Geräte und Einrichtungen können manuell oder mittels spezieller Zusatzgeräte, beispielsweise sogenannte Schabbatuhren (Zeitschaltuhren) in den „Sabbat-Modus" versetzt werden. ... Es wurde eine „Schabbatsteckdose" erfunden, die den Stromkreislauf alle drei Minuten für 30 Sekunden unterbricht, um so das Anschließen von Geräten ohne Bruch des Feuerverbots zu ermöglichen." [29]

Das Gesetz verbot jedoch lediglich ausdrücklich, ein Feuer zu machen:

„Und Mose rief die ganze Gemeinschaft der Israeliten zusammen und sagte zu ihnen: Dies sind die Worte, von denen der Herr gesagt hat, dass man sie tun solle: »Sechs Tage sollst du Arbeiten verrichten, am siebten Tag aber ist ein Ausruhen, heilig ist es, Sabbat, Ruhe für den Herrn; jeder, der an ihm eine Arbeit verrichtet, soll sterben. Ihr dürft in keinem eurer Häuser am Tag des Sabbats Feuer entzünden; ich bin der Herr!«" (Exodus 35,1-3).

Es ist ein sehr ernst gemeintes Gebot, betrifft also etwas ganz Zentrales im Glauben. Es dauerte nicht lange, da sammelte jemand am Sabbat Brennholz ...

„Und die Israeliten waren in der Wüste und entdeckten, dass ein Mann am Sabbattag Hölzer sammelte. Und diejenigen, die ihn beim Hölzersammeln gefunden hatten, führten ihn zu Mose und Aaron und zur ganzen Gemeinschaft der Israeliten. Und sie warfen ihn ins Gefängnis, denn sie hatten noch nicht beschlossen, wie sie ihn behandeln sollten. Und der Herr sprach zu Mose: Der Mensch soll mit dem Tod bestraft werden; steinigt ihn mit Steinen, die ganze Gemeinschaft! Und sie, die ganze Gemeinschaft, führten ihn aus dem Lager heraus, und sie steinigten ihn, die ganze Gemeinschaft, mit Steinen außerhalb des Lagers, wie es der Herr dem Mose befohlen hatte." (Exodus 15,32-36).

---

[29] https://de.wikipedia.org/wiki/39_Melachot#Die_39_verbotenen_Tätigkeiten

Fragt man Christen, die meinen, das ganze Gesetz und den Sabbat halten zu müssen (die gibt es), so schrecken sie doch davor zurück, die Todesstrafe für das Brechen des Sabbats einzufordern. Das spricht für sie, obwohl – wie wir sehen werden – der Sabbat gar nicht mehr gefordert wird.

Im letzten Buch der Bücher des Moses werden die zehn Gebote wiederholt, allerdings wird dem Sabbatgebot hier neben des Gedenkens an Gottes Schöpfungsruhe ein weiter Grund hinterlegt:

„Und du sollst dich daran erinnern, dass du ein Haussklave im Land Ägypten gewesen bist und dich der Herr, dein Gott, von dort mit starker Hand und mit erhobenem Arm herausgeführt hat. Darum hat der Herr, dein Gott, dir geboten, den Sabbattag zu halten und ihn zu heiligen." (Deuteronomium 5,15).

Es sind also zwei große Heilsthemen mit dem Sabbatgebot verbunden: (a) die Befreiung aus der Knechtschaft, welche geistlich das Evangelium vorausschattet, und (b) die Teilhabe an der Schöpfungsruhe Gottes, welche die Ruhe Gottes in der Neuen Schöpfung in Aussicht stellt. Daran erkennen wir, dass der Sabbat nicht um seiner selbst willen gehalten werden soll, sondern ein Zeichen ist, das über sich hinaus weist. Beides kommt in Christus zur Erfüllung.

Der Sabbat ist ein Bundeszeichen und ein Bund in sich selbst:

„Und der Herr sprach zu Mose: Und du, gebiete den Israeliten Folgendes: »Achtet darauf, dass ihr meinen Sabbat haltet; denn er ist ein Zeichen zwischen mir und euch all eure Generationen hindurch, damit ihr erkennt, dass ich der Herr bin, der euch heiligt.

Und ihr sollt den Sabbat halten, weil dies für euch heilig ist; derjenige, der ihn entweiht, soll mit dem Tod bestraft werden. Jeder, der an ihm eine Arbeit verrichten wird – jener Mensch soll aus der Mitte seines Volkes ausgerottet werden. Sechs Tage sollst du Arbeiten verrichten, am siebten Tag aber ist Sabbat, heilige Ruhe für den Herrn. Jeder, der am siebten Tag eine Arbeit verrichten wird, soll gewiss getötet werden.«

Und die Israeliten sollen den Sabbat halten, dass sie es all ihre Generationen hindurch tun; eine ewige Verfügung ist dies zwischen mir und den Israeliten; es ist ein ewiges Zeichen, dass der Herr in sechs Tagen Himmel und Erde gemacht hat und am siebten Tag aufgehört und sich ausgeruht hat." (Exodus 31,12-17).

Der Sabbat, das muss man hier deutlich und nachdrücklich anmerken, wurde nie den Völkern der Welt geboten, sondern ist ein Bundeszeichen zwischen Gott und Israel, welches das Volk heiligen, d.h. von allen Völkern unterscheiden soll. Es ist eine Verfügung, ein Bund, der allein Israel gilt – wie der ganze Gesetzesbund, übrigens. Doch dieses Gebot unterscheidet sich von den übrigen zehn Geboten gerade dadurch, dass es ausdrücklich zeichenhaft ist. Es ist kein moralisches Gebot. Den Sabbat kann ein Mörder, ein Dieb, ein Ehebrecher oder ein Lügner genauso halten wie ein Gerechter.

Unserem Herrn Jesus warfen die Pharisäer und Schriftgelehrten vor, Er habe immer wieder den Sabbat gebrochen, weil Er auch am Sabbat Kranke geheilt hat. Er brach aber lediglich die „Überlieferungen der Väter", die über das eigentliche Gebot hinausgehen, denn wieviel Arbeit ist es tatsächlich für den Herrn zu sagen: *„Sei gesund!"*? Kann man es als Arbeit werten, wenn er einem Geheilten sagt, er solle aufstehen und seine Matte gleich mitnehmen, und dieser es am Sabbat auch tatsächlich tut?

„Jesus spricht zu ihm: Steh auf, nimm deine Liegematte und geh umher! Und sogleich wurde der Mensch gesund, hob seine Liegematte auf und ging umher. Es war aber Sabbat an jenem Tag. Nun sprachen die Juden zu dem Geheilten: Es ist Sabbat; es ist dir nicht erlaubt, die Liegematte zu tragen! …

Und deshalb verfolgten die Juden Jesus und suchten ihn zu töten, weil er dies am Sabbat getan hatte." (Johannes 5,8-10.16).

Als der Herr mit Seinen Jüngern durch die Felder spazierte, pflückten diese ein paar Ähren ab und kauten die Körner. *„Was für ein Frevel!"*, dachten die Pharisäer, und sprachen das unverblümt an:

„Warum tut ihr, was am Sabbat nicht zu tun erlaubt ist? Und Jesus antwortete ihnen und sprach: Habt ihr nicht einmal gelesen, was David tat, als er und seine Gefährten hungrig waren? Wie er in das Haus Gottes hineinging und die Schaubrote nahm und aß und auch seinen Gefährten davon gab, welche doch niemand essen darf als nur die Priester? Und er sprach zu ihnen: Der Sohn des Menschen ist Herr auch über den Sabbat." (Lukas 6,2-5).

Hier rückt der Herr ein paar Dinge ins rechte Licht: Das Ruhen am Sabbat ist um der Menschen willen geboten; wir brauchen diese Ruhe von der Arbeit. Aber dieses Ruhen steht nicht über den Grundbedürfnissen des Lebens. Wir sollen natürlich auch am Sabbat essen. Die Geschichte mit den Schaubroten war eine echte Notlage, hier ist das Gesetz von den Schaubroten zweitrangig. Unser Gott ist ein menschenfreundlicher und barmherziger Gott! Darum darf man am Sabbat auch heilen und Gutes tun. Der Hammer ist aber der letzte Satz: *„Der Sohn des Menschen ist Herr auch über den Sabbat."* Hier wendet der Herr einen prophetischen messianischen Titel auf sich an und sagt, Er stehe über dem Sabbat.

In der Apostelgeschichte gehen die Apostel zwar an jedem Sabbat in die Synagoge, doch das ist nicht die christliche Versammlung. Sie gehen dorthin, um den Messias zu verkünden und die Juden vom Alten in den Neuen Bund zu bringen. Den Christen wird an keiner Stelle des Neuen Testament das Halten des Sabbats geboten.

Es wäre missionarisch auch undurchführbar, da das Evangelium nun an alle Völker der Welt geht, und diese kennen den Sabbat nicht und halten auch diese Ruhe nicht. Viele, die zum Glauben kommen, sind zudem Sklaven, die sieben Tage die Woche arbeiten müssen. Diese können den Sabbat gar nicht halten, selbst wenn sie wollen. Dass die Judenchristen weiterhin den Sabbat gehalten haben, ist unbestritten, da sie alle Gesetze und sämtliche jüdische Gebräuche hielten. Doch das war weder notwendig noch – in letzter Konsequenz – geistlich gesund, weil sie in die Gefahr gerieten, wieder vollends in den Alten Bund zurückzufallen, wie der Hebräerbrief sehr besorgt anmerkt.

Aber sollen wir Christen nicht die zehn Gebote halten? Wenn ja, warum soll gerade der Sabbat davon ausgenommen sein? Das ist eine gute Frage. Was sagt die Schrift? Sind wir noch dem Buchstaben des Gesetzes verpflichtet?

„Unsere Tüchtigkeit kommt von Gott, der uns auch tüchtig gemacht hat zu Dienern des neuen Bundes, nicht des Buchstabens, sondern des Geistes; denn der Buchstabe tötet, aber der Geist macht lebendig. Wenn aber der Dienst des Todes durch in Stein gegrabene Buchstaben von solcher Herrlichkeit war, dass die Kinder Israels nicht in das Angesicht Moses schauen konnten wegen der Herrlichkeit seines Antlitzes, die doch vergänglich war, wie sollte dann nicht der Dienst des Geistes von weit größerer Herrlichkeit sein?" (2. Korinther 3,5-8).

Der in Stein gegrabene Buchstabe ist genau jenes Bundesgesetz in den zehn Geboten! Diesem dienen wir nicht mehr! Und doch haben wir alle die zehn Gebote auswendig gelernt, aber warum? Sie werden doch im Neuen Bund übertroffen und ans Ziel gebracht! Es genügt ja nicht mehr, niemanden zu ermorden, wir dürfen niemandem mehr grundlos zürnen oder verachten! Ebensowenig erfüllt es das Gesetz nicht, wenn wir nur körperlich die Ehe nicht brechen, aber unsere Gedanken voller Unreinheit sind. Die zehn Gebote sollen wir nicht unterbieten, aber weit übertreffen, wenn unsere Gerechtigkeit überströmend besser sein soll als die der Schriftgelehrten und Pharisäer. Der Buchstabe ist es nicht, der das bewirkt, sondern der Geist Gottes in uns. Darum hat der Neue Bund eine weit größere Herrlichkeit als der Alte.

„Aber ihre Gedanken wurden verstockt; denn bis zum heutigen Tag bleibt beim Lesen des Alten Testamentes diese Decke unaufgedeckt, die in Christus weggetan wird. Doch bis zum heutigen Tag liegt die Decke auf ihrem Herzen, so oft Mose gelesen wird. Sobald es [Israel] sich aber zum Herrn bekehrt, wird die Decke weggenommen." (2. Korinther 3,13-16).

Alles im Gesetz ist unzureichend und wird nur in Christus auf das Vollmaß und sein Ziel gebracht. Das betrifft auch das Sabbatgebot, welches eine Vorschattung der wahren Sabbatruhe in Christus ist:

„So lasst euch von niemand richten wegen Speise oder Trank, oder wegen bestimmter Feiertage oder Neumondfeste oder Sabbate, die doch nur ein Schatten der Dinge sind, die kommen sollen, wovon aber der Christus das Wesen hat." (Kolosser 2,16-17).

Darum weist der Sabbat auf die noch ausstehende, aber in Christus erfüllte Sabbatruhe hin:

„Denn wir haben Anteil an Christus bekommen, wenn wir die anfängliche Zuversicht bis ans Ende standhaft festhalten, solange gesagt wird: »Heute, wenn ihr seine Stimme hört, so verstockt eure Herzen nicht, wie in der Auflehnung«. Denn einige lehnten sich auf, als sie es hörten, aber nicht alle, die durch Mose aus Ägypten ausgezogen waren. Über wen war er aber 40 Jahre lang zornig? Waren es nicht die, welche gesündigt hatten, deren Leiber in der Wüste fielen? Welchen schwor er aber, dass sie nicht in seine Ruhe eingehen sollten, wenn nicht denen, die sich weigerten zu glauben?" (Hebräer 4,14-18).

Tatsächlich war Gott überaus zornig über Sein Volk. In dem in diesem Text zitierten Psalm heißt es nämlich:

„Niemals sollen sie eingehen in meine Ruhe!" (Psalm 94[95],11).

Da kann Israel sieben Tage die Woche Sabbat halten, es wird ihnen nichts nützen. Sie haben auch diesen Bund und dieses Bundeszeichen unwiderruflich gebrochen. Dennoch bleibt eine Sabbatruhe für die, welche in Christus sind und an Ihm festhalten.

„Denn wir, die wir gläubig geworden sind, gehen in die Ruhe ein." (Hebräer 4,3).

„Also bleibt dem Volk Gottes noch eine Sabbatruhe vorbehalten; denn wer in seine Ruhe eingegangen ist, der ruht auch selbst von seinen Werken, gleichwie Gott von den seinen. So wollen wir denn eifrig bestrebt sein, in jene Ruhe einzugehen, damit nicht jemand als ein gleiches Beispiel des Unglaubens zu Fall kommt." (Hebräer 4,9-11).

Diese Werke betreffen aber nicht nur unsere durch die Sünde verfluchte tägliche Arbeit, sondern die Mühsal unseres gesamten Lebens in einer gefallenen Welt, die Last der Sünde, aber auch die Last, jenes untragbare Joch, des Gesetzes. Wir warten auf die Vollendung in der Neuen Schöpfung, an der wir durch die Neue Geburt und den Heiligen Geist aber bereits heute Anteil haben. Christus ist nicht nur der Herr des Sabbats, sondern auch die Erfüllung des Sabbatgebotes. Darum sagt Er auch:

„Kommt her zu mir alle, die ihr mühselig und beladen seid, so will ich euch erquicken! Nehmt auf euch mein Joch und lernt von mir, denn ich bin sanftmütig und von Herzen demütig; so werdet ihr Ruhe finden für eure Seelen! Denn mein Joch ist sanft und meine Last ist leicht." (Matthäus 11,28-30).

Wo finden wir also die wahre Ruhe und Erquickung? Allein bei Ihm. Das Gesetz des Moses sei eine unerträgliche Last gewesen, die niemand tragen konnte, stellte Petrus fest (Apostelgeschichte 15,10). Die Pharisäer erhöhten den Druck durch ihre eigenen Überlieferungen, prangerte Christus an, wobei sie selbst dabei fürchterlich heuchelten (Matthäus 23,4). Demgegenüber ist das Gesetz Christi überhaupt nicht schwer:

„Denn das ist die Liebe zu Gott, dass wir seine Gebote halten; und seine Gebote sind nicht schwer. Denn alles, was aus Gott geboren ist, überwindet die Welt; und unser Glaube ist der Sieg, der die Welt überwunden hat." (1. Johannes 5,3-4).

Die Voraussetzung für die unvorstellbare Leichtigkeit der Christusnachfolge sind die neue Geburt (die Kraft des Heiligen Geistes) und die durch den Geist in unsere Herzen ausgegossene Liebe (Römer 5,5). Beides kann das Gesetz des Moses uns nicht vermitteln, noch führt der zeichenhafte Sabbat uns in die Ruhe Christi.

Wie hielten es die frühen Christen mit dem Sabbat? Im Barnabasbrief aus dem 1. Jahrhundert, der solche Anerkennung genoss, dass er ein ernstzunehmender Kandidat für das Neue Testament war, lesen wir:

„Merket auf Kinder, was bedeutet das „in sechs Tagen vollendete er sie“. Das heißt, dass in sechstausend Jahren der Herr alles vollenden wird; denn der Tag bedeutet bei ihm tausend Jahre. Er selbst bezeugt mir das, wenn er sagt: „Siehe, ein Tag des Herrn wird sein wie tausend Jahre“. Also Kinder, in sechs Tagen, das heißt in sechstausend Jahren wird alles vollendet sein. Und am siebten Tage ruhte er. Das heißt: Wenn sein Sohn kommt und der Zeit des Bösen ein Ende machen und die Gottlosen richten und die Sonne, den Mond und die Sterne umändern wird, dann wird er ruhmvoll ruhen am siebten Tage.“ (Barnabas 15,4-5).

Barnabas sah den Sabbat ganz offensichtlich als ein prophetisches Vorbild für das messianische Friedensreich. Man muss seiner Berechnung nicht unbedingt folgen, zumal man das Kommen des Herrn ja gar nicht berechnen kann. Doch klar ist, dass das Gebot als Zeichen aufgefasst worden ist, nicht als buchstäbliches Gesetz. Interessant ist auch folgender Gedanke, der breitere Zustimmung hat:

„Siehe, dass wir erst dann recht ruhen und ihn heiligen werden, wenn wir dazu imstande sind, weil wir selbst gerechtfertigt sind und das Evangelium empfangen haben, wenn es kein Unrecht mehr gibt, vielmehr alles vom Herrn neu geschaffen ist; erst dann also werden wir ihn heiligen können, wenn wir selbst zuerst geheiligt sind. Zudem aber sagt er ihnen: „Eure Neumonde und eure Sabbate ertrage ich nicht mehr“. Sehet, wie er sagt: Nicht die jetzigen Sabbate sind mir angenehm, sondern den ich eingesetzt habe, an dem ich, nachdem ich alles beendigt habe, den

Anfang des achten Tages, das heißt den Beginn einer anderen Welt ansetzen werde. Deshalb begehen wir auch den achten Tag (= den Sonntag, den ersten Tag der neuen Woche) in Freude, an dem auch Jesus von den Toten auferstanden und, nachdem er sich geoffenbart hatte, in den Himmel aufgestiegen ist." (Barnabas 15,7-9).

Statt des Sabbats blickten die ersten Christen auf den Tag der Auferstehung Christi, der den Beginn der Neuen Schöpfung markiert, da Er der Erstgeborene aus den Toten, der erste vollendete Mensch der Neuen Schöpfung ist. In Ihm, durch unsere neue Geburt, ist diese Schöpfung ebenfalls bereits angebrochen, die schließlich in der Auferstehung des Leibes vollendet werden wird. Doch bereits jetzt gehören wir zu Gottes neuer Welt und nicht länger zu dieser alten Welt, in der wir uns nur mehr als Fremde aufhalten. Unser Glaube ist der Sieg, der diese Welt überwunden hat. Darum haben wir den alten Sabbat hinter uns gelassen und streben der eigentlichen Ruhe Gottes zu.

Auch Justin der Märtyrer (100-165) bestätigt, dass sich die Christen am ersten Tag der Woche versammelten:

„An dem Tage, den man Sonntag nennt, findet eine Versammlung aller statt, die in Städten oder auf dem Lande wohnen; dabei werden die Denkwürdigkeiten der Apostel oder die Schriften der Propheten vorgelesen, solange es angeht. Hat der Vorleser aufgehört, so gibt der Vorsteher in einer Ansprache eine Ermahnung und Aufforderung zur Nachahmung all dieses Guten. Darauf erheben wir uns alle zusammen und senden Gebete empor. Und wie schon erwähnt wurde, wenn wir mit dem Gebete zu Ende sind, werden Brot, Wein und Wasser herbeigeholt, der Vorsteher spricht Gebete und Danksagungen mit aller Kraft, und das Volk stimmt ein, indem es das Amen sagt." (1. Apologie Kp. 67).

Es gab aber auch Lehren, welche die frühe Kirche als Irrlehren zurückwies, judenchristliche Sekten, die auf die buchstäbliche Einhaltung des Gesetzes bestanden, wie z.B. die Ebioniten. Eusebius schreibt über sie:

„Die Beobachtung des Gesetzes erachteten sie für durchaus notwendig, gerade als ob sie nicht allein durch den Glauben an Christus und auf Grund eines glaubensgemäßen Lebens selig wurden. ... Den Sabbat und die sonstigen jüdischen Bräuche beobachtete diese Richtung gleich den anderen, doch feierte sie auch gleich uns den Tag des Herrn zur Erinnerung an die Auferstehung des Erlösers." (Kirchengeschichte III,27).

Eusebius stellt auch fest, dass die Gerechten vor Moses den Sabbat und die übrigen Gesetze ebensowenig hielten wir die Christen:

„Diese Bemerkungen musste ich der folgenden geschichtlichen Darstellung vorausschicken, damit niemand meine, unser Heiland und Herr Jesus Christus gehöre nur der neueren Geschichte an, weil er in der Zeit im Fleische erschienen ist. Damit man aber auch nicht seine Lehre für neu und fremd halte, gerade als wäre sie von einem Neuling aufgestellt, der sich in nichts von den übrigen Menschen unterscheidet, darum wollen wir kurz auch hierüber berichten. ...

Das hebräische Volk ist nicht neu, sondern eben wegen seines Alters allgemein geachtet und allgemein bekannt. Seine Überlieferungen und seine Schriften erwähnen nun Männer aus alter Zeit, zwar nur wenige an Zahl, aber ausgezeichnet durch Frömmigkeit, Gerechtigkeit und alle übrigen Tugenden: einige vor der Sintflut, andere nach derselben, von den Söhnen und Nachkommen des Noe den Abraham, den die Söhne der Hebräer als ihren Führer und Stammvater feiern. ...

So wenig wie wir dachten auch jene an eine körperliche Beschneidung oder an eine Beobachtung der Sabbate. Auch kümmerten sie sich nicht, so wenig wie wir jetzigen Christen, um Speisegebote und Speiseverbote, welche zuallererst Moses für die späteren Geschlechter aus symbolischen Gründen erlassen hatte. ...

Was soll uns also noch weiterhin abhalten, zu gestehen, dass wir, die wir von Christus abstammen, und die Gottesfreunde der Vorzeit das gleiche Leben und dieselbe Art der Gottesverehrung haben? Somit haben wir den Beweis erbracht, dass die durch die Lehre Christi geforderte Art der Gottesverehrung nicht neu und

fremd, sondern, um die Wahrheit zu sagen, die erste, die einzige, die wahre ist."
(Kirchengeschichte I,4).

Es herrschte in Summe ein sehr klares und einmütiges Verständnis über die symbolische/zeichenhafte Bedeutung des ganzen Gesetzes, insbesondere Sabbat, Beschneidung und Speisegebote.

Der etwas spätere Kirchengeschichtsschreiber Sokrates Scholasticus (380-439) schreibt über den Streit des Ostertermins und da scheint es jedoch so, als ob viele Christen den Sabbat hielten:

„In Kleinasien hielten die meisten Menschen den vierzehnten Tag des Mondes und missachteten den Sabbat; ... Auch Polykarp, der Bischof von Smyrna, der später unter Gordian den Märtyrertod erlitt, kommunizierte weiterhin mit Anicetus, dem Bischof von Rom, obwohl er selbst nach den Gepflogenheiten seiner Heimat Smyrna Ostern am vierzehnten Tag des Mondes feierte, wie Eusebius im fünften Buch seiner Kirchengeschichte bezeugt. Während also einige in Kleinasien den oben genannten Tag einhielten, feierten andere im Osten dieses Fest zwar am Sabbat, waren aber unterschiedlicher Meinung, was den Monat betraf. ...

Denn obwohl fast alle Kirchen in der ganzen Welt am Sabbat jeder Woche die heiligen Mysterien feiern, haben die Christen in Alexandria und in Rom aufgrund einer alten Tradition aufgehört, dies zu tun. Die Ägypter in der Nähe von Alexandria und die Einwohner von Thebaïs halten am Sabbat ihre religiösen Versammlungen ab, nehmen aber nicht an den Mysterien teil, wie es bei den Christen im Allgemeinen üblich ist: nachdem sie gegessen und sich mit Speisen aller Art gesättigt haben, nehmen sie am Abend, indem sie ihre Opfergaben darbringen, an den Mysterien teil." (Kirchengeschichte Kp. 22).

Ist das ein Beleg dafür, dass Christen sich allgemein noch weithin am Sabbat versammelten? Mitnichten, es geht um den „Osterstreit", um jenes große jährliche Fest, an dem – nach einer Fastenzeit – der Auferstehung des Herrn gedacht wurde. Dies war das Hauptfest der ersten Christen, welches vor allem in Kleinasien noch nach dem jüdischen Kalender am 14. Nisan gefeiert wurde, ansonsten aber am „Sabbat". Damit war aber nie der Sabbat gemeint, sondern der erste Tag der Woche, auf den zu dieser Zeit bereits (fälschlicherweise) der Name „Sabbat" übertragen wurde. Lesen wir den Bericht des Eusebius dazu, wird es „sonntagsklar":

„Damals war ein nicht unbedeutender Streit entstanden. Während nämlich die Gemeinden von ganz Asien auf Grund sehr alter Überlieferung glaubten, man müsse den 14. Tag des Mondes, an welchem den Juden die Opferung des Lammes befohlen war, als Fest des Erlösungspascha feiern und auf jeden Fall an diesem Tage, gleichviel welcher Wochentag es gerade sein mochte, die Fasten beenden, war es bei den Kirchen auf dem ganzen übrigen Erdkreise nicht üblich, es auf diese Weise zu halten; man beobachtete vielmehr gemäß apostolischer Überlieferung den noch heute gültigen Brauch, dass an keinem anderen Tage als dem der Auferstehung unseres Erlösers die Fasten beendet werden dürfen. Es fanden daher Konferenzen und gemeinsame Beratungen von Bischöfen statt, und alle gaben einstimmig durch Rundschreiben die kirchliche Verordnung hinaus, dass das Geheimnis der Auferstehung des Herrn an keinem anderen Tage als am Sonntage gefeiert werden dürfe und dass wir erst an diesem Tage das österliche Fasten beenden dürfen." (Kirchengeschichte V,23).

Ich empfinde es immer als *sehr* ärgerlich, wenn man historische Quellen falsch zitiert, um die eigenen Sonderlehren damit zu „beweisen". Denn auch Sokrates Scholasticus sagt zum Thema Gesetz und Sabbat klar und bestimmt:

„Denn sie haben nicht bedacht, dass mit der Umwandlung des Judentums in das Christentum die Verpflichtung zur Einhaltung des mosaischen Gesetzes und der zeremoniellen Formen wegfiel. Und der Beweis dafür ist eindeutig; denn kein Gesetz Christi erlaubt den Christen, die Juden nachzuahmen. Im Gegenteil, der Apostel verbietet es ausdrücklich, indem er nicht nur die Beschneidung ablehnt, sondern auch den Streit um die Festtage. In seinem Brief an die Galater schreibt er: "Sagt mir, ihr, die ihr unter dem Gesetz sein wollt, hört ihr das Gesetz nicht?" Und indem er seine Argumentation fortsetzt, zeigt er auf, dass die Juden als

Knechte in der Knechtschaft waren, dass aber diejenigen, die zu Christus gekommen sind, "in die Freiheit von Söhnen berufen sind". Außerdem ermahnt er sie, in keiner Weise auf "Tage und Monate und Jahre" zu achten. Auch in seinem Brief an die Kolosser erklärt er deutlich, dass solche Bräuche nur ein Schatten sind; deshalb sagt er: "Niemand richte euch über Speise und Trank oder über irgendeinen heiligen Tag oder über den Neumond oder über die Sabbate, die ein Schatten der zukünftigen Dinge sind." Dieselben Wahrheiten werden von ihm auch im Hebräerbrief mit diesen Worten bestätigt: „Denn da das Priestertum verändert wird, wird notwendigerweise auch das Gesetz verändert." Weder die Apostel noch die Evangelien haben also denen, die die Wahrheit angenommen haben, irgendwo das "Joch der Knechtschaft" auferlegt." (Kirchengeschichte Kp. 22).

Wie klar kann man es noch sagen? Es bleibt nur eine Frage offen: Ist es Christen ausdrücklich *verboten*, den Sabbat zu halten? Nein, wenn es eine *echte* Gewissensfrage ist:

„Dieser hält einen Tag höher als den anderen, jener hält alle Tage gleich; jeder sei seiner Meinung gewiss! Wer auf den Tag achtet, der achtet darauf für den Herrn, und wer nicht auf den Tag achtet, der achtet nicht darauf für den Herrn." (Römer 14,5-6).

Dieses Zugeständnis um des Gewissens willen ist aber nicht unproblematisch: (a) der, der meint den Sabbat halten zu müssen, meint zumeist auch, dass dies allgemein verbindlich sei, und wird es früher oder später auch anderen aufdrängen wollen. Das soll er laut Paulus jedoch unbedingt unterlassen. (b) Diese Meinung oder dieser Gewissensbiss beruht auf einer mangelhaften Erkenntnis bezüglich des Gesetzes. Man soll jedem die Zeit lassen, dies zu verstehen, ohne ihn zu drängen, aber es gibt eine objektive Wahrheit in dieser Frage: der Sabbat ist in Christus obsolet geworden wie der ganze Gesetzesbund, dessen Teil das Sabbatgebot ist. Keinesfalls aber darf diese Frage Gemeinden spalten und Geschwister entzweien.

Es ist freilich gut, einen oder auch mehrere Ruhetage zur Erholung von Leib, Seele und Geist zu halten, aber dazu braucht es kein Sabbatgebot, sondern lediglich eine gesunde Lebenseinstellung. Und wann genau wäre eigentlich Sabbat? Wieviele Kalenderreformen hat es seit Beginn der Menschheitsgeschichte bereits gegeben, wo einzelne Tage eingefügt oder gestrichen wurden, sodass unsere Kalenderwochen mit dem ursprünglichen Siebentagerhythmus der Schöpfungswoche gar nicht mehr synchronisiert werden können? Wer heute meint, den Sabbat zu halten, hält de facto irgendeinen Tag.

Noch eines zum Abschluss: Jedes Gesetz reizt das Fleisch zum Widerspruch, und so bringt das Sabbatgesetz nicht wirklich geistliche Frucht hervor, sondern offenbart uns unsere sündhafte Neigung. Der Prophet Amos schreibt:

„Ihr, die ihr sagt: »Wann wird der Neumond vorbei sein, damit wir Handel treiben können, und der Sabbat vorbei sein, damit wir die Vorratskammern öffnen, damit wir das Maß klein machen und die Gewichte vergrößern und die Waage ungerecht machen, damit wir Elende für Silber kaufen und den Niederen um Sandalen und mit jeder Frucht Gewinn machen.«" (Amos 8,5-6).

Ist es nicht so? Wenn wir nur einen Tag für den Herrn heiligen, sind die anderen ja für uns selbst. Dann können wir wieder Geschäfte machen und uns auf Kosten anderer bereichern, denn an dem einen Tag haben wir unsere Pflicht gegenüber Gott erfüllt, und die übrigen Tage leben wir frisch und frei für uns selbst. Das Gesetz hat nämlich noch nie Heilige hervorgebracht, sondern nur Heuchler. Auch das gilt es zu bedenken. Im Neuen Bund geht es um unser Herz, nicht um bestimmte Tage.

Der wahre Tempel

Das Heiligtum in Jerusalem war für das Volk Israel der geographische Mittelpunkt ihres Glaubens, der Ort, an dem Gott selbst mitten unter Seinem Volk wohnen würde. Auch dieser Tempel und sein Vorläufer, die Stiftshütte (Gottes Zelt), gehörten zum Gesetzesbund am Sinai. Davor gab es keine solche Wohnstatt Gottes bei den Menschen, außer im Garten Eden, wo alles begann. Abel brachte sein wohlgefälliges Opfer auf einem selbsterrichteten Altar, ebenso Noah, Abraham und alle Patriarchen. Wo immer sie waren, beteten sie Gott an.

Als der Herr Jesus mit der samaritischen Frau am Jakobsbrunnen redete, stellte diese die Frage, wo der richtige Ort der Anbetung sei, denn die Samariter hatten ihren Tempel auf dem Berg Garizim.[30] Bis heute feiern die Samaritaner (von denen es immer noch rund 840 Gläubige gibt) auf diesem Berg ihr Passah:

„Die Frau spricht zu ihm: Herr, ich sehe, dass du ein Prophet bist! Unsere Väter haben auf diesem Berg angebetet, und ihr sagt, in Jerusalem sei der Ort, wo man anbeten soll.

Jesus spricht zu ihr: Frau, glaube mir, es kommt die Stunde, wo ihr weder auf diesem Berg noch in Jerusalem den Vater anbeten werdet. Ihr betet an, was ihr nicht kennt; wir beten an, was wir kennen, denn das Heil kommt aus den Juden. Aber die Stunde kommt und ist schon da, wo die wahren Anbeter den Vater im Geist und in der Wahrheit anbeten werden; denn der Vater sucht solche Anbeter. Gott ist Geist, und die ihn anbeten, müssen ihn im Geist und in der Wahrheit anbeten." (Johannes 4,19-24).

Damit erklärte der Herr selbst den Tempel in Jerusalem als vorläufig und betont, die wahre Anbetung sei ortsunabhängig, müsse aber in Geist und

---

[30] Dieser Tempel wurde 129 v. Chr. durch den Hasmonäer-König Johannes Hyrkanos I. (135–104 v. Chr.) zerstört, was die anhaltenden Feindseligkeiten zwischen Juden und Samaritern zur Zeit Jesu erklärt.

Wahrheit erfolgen. Es geht vom Äußeren und Sichtbaren zur Gesinnung des Herzens – wie in allen Aspekten des Übergangs vom Alten zum Neuen Bund.

Das war das Todesurteil für den ersten Märtyrer, denn dieser sprach es offen aus, dass der prachtvolle Tempel, das „Herz des Judentums" zerstört würde. In seiner Anhörung vor dem Hohen Rat zitierte Stephanus die Propheten:

„Salomo aber erbaute ihm ein Haus. Doch der Höchste wohnt nicht in Tempeln, die von Händen gemacht sind, wie der Prophet spricht: »Der Himmel ist mein Thron und die Erde der Schemel für meine Füße. Was für ein Haus wollt ihr mir bauen, spricht der Herr, oder wo ist der Ort, an dem ich ruhen soll? Hat nicht meine Hand das alles gemacht?«" (Apostelgeschichte 7,47-50).

Wenn das so ist, warum hat Gott dann den Bau des Tempels (bzw. der Stiftshütte) angeordnet? Dazu müssen wir auf den Berg Sinai hinaufsteigen und hören, was Gott zu Moses sagte:

„Und du sollst mir ein Heiligtum errichten und ich werde unter euch erscheinen; und du sollst mir bei allem genau das machen, was ich dir auf dem Berg zeige, das Modell des Zeltes nämlich und das Modell seiner ganzen Ausstattungsgeräte; so sollst du es machen." (Exodus 25,7-8).

Das Heiligtum sollte ein Ort der Begegnung zwischen Gott und Seinem Volk sein. Er würde unter ihnen wohnen und mit ihnen ziehen, dort würde Er sich ihnen offenbaren und mitteilen. Dieses Zelt (was es in der Wüste war) und seine ganze Ausstattung sollte getreu nach einem Vorbild ausgeführt werden, welches Gott Moses auf dem Berg zeigte.

Zur Ausstattung gehörten eine Umzäunung aus Stoffplanen, der Brandopferaltar, ein Waschbecken, ein Heiligtum mit ausführlich beschriebenen Zeltdecken. Der hintere Teil des Heiligtums wurde mit einem Vorhang abgeteilt, das war das Allerheiligste. Im Heiligtum befand sich der siebenarmige Leuchter, ein Tisch mit zwölf Schaubroten und (vor dem Vorhang) der Räucheraltar; dahinter, im Allerheiligsten, stand die Bundeslade, in der sich die Tafeln des Bundes befanden, ein Krug mit Manna und etwas später auch der Stab Aarons, der geblüht hatte. Alle Materialien und die Ausführung wurden bis ins Detail beschrieben, sodass man nach diesen Angaben auch heute noch dieses Zeltheiligtum nachbauen kann. Ein 1:1 Modell ist heute im Timna Park in Israel zu besichtigen.

Immer wieder betont der Herr, dass es keine Abweichung vom Vorbild geben dürfe:

„Gib acht, dass du es entsprechend dem Vorbild machen wirst, das dir auf dem Berg gezeigt worden ist." (Exodus 25,40).

„Und du sollst das Zelt dem Bild entsprechend errichten, das dir auf dem Berg gezeigt worden ist." (Exodus 26,30).

Was ist dieses Vorbild? Wir lesen davon im Hebräerbrief:

„Diese dienen einem Abbild und Schatten des Himmlischen, gemäß der göttlichen Weisung, die Mose erhielt, als er die Stiftshütte anfertigen sollte: »Achte darauf«, heißt es nämlich, »dass du alles nach dem Vorbild machst, das dir auf dem Berg gezeigt worden ist!«" (Hebräer 8,5).

Wenn aber die Stiftshütte und in der Folge der Tempel nur Abbilder einer himmlischen Wirklichkeit sind, so folgt daraus, dass sie nicht das Eigentliche sind. Sie sind schattenhaft, deuten etwas an, das unseren Augen verborgen ist, aber in Christus offenbart und zugänglich wird, und zwar bis ins Allerheiligste hinein.

„Die Hauptsache aber bei dem, was wir sagen, ist: Wir haben einen solchen Hohenpriester, der sich gesetzt hat zur Rechten des Thrones der Majestät im Himmel, einen Diener des Heiligtums und der wahrhaftigen Stiftshütte, die der Herr errichtet hat und nicht ein Mensch." (Hebräer 8,1-2).

Der Neue Bund befasst sich nicht mehr mit Schatten und Abbildern, sondern mit dem Eigentlichen, mit der himmlischen Realität. Das ist erstaunlich und lässt den salomonischen Tempel in all seiner Pracht verblassen. Darum musste er auch beseitigt werden, damit unser Blick nicht zurück in den Alten Bund abgelenkt, sondern nach oben gerichtet wird, wo der Christus ist, zur Rechten Gottes.

„Es hatte nun zwar auch der erste Bund gottesdienstliche Ordnungen und ein Heiligtum, das von dieser Welt war." (Hebräer 9,1).

Dieser Tempel war von Menschenhänden gemacht und von dieser Welt, eine bloße Nachbildung, die als vorläufiges Anschauungsmodell gedacht war. In den wirklichen Tempel führt uns der Herr Jesus:

„Damit zeigt der Heilige Geist deutlich, dass der Weg zum Heiligtum noch nicht offenbar gemacht ist, solange das vordere Zelt Bestand hat. Dieses ist ein Gleichnis für die gegenwärtige Zeit, in welcher Gaben und Opfer dargebracht werden, die, was das Gewissen anbelangt, den nicht vollkommen machen können, der den Gottesdienst verrichtet, der nur aus Speisen und Getränken und verschiedenen Waschungen besteht und aus Verordnungen für das Fleisch, die bis zu der Zeit auferlegt sind, da eine bessere Ordnung eingeführt wird." (Hebräer 9,8-10).

Das Blut des wahren und vollkommenen Sündopfers konnte nicht in diesem vorläufigen Tempel auf die Bundeslade gesprengt werden, wie es alljährlich am Versöhnungstag (Yom Kippur) geschieht, sondern musste im himmlischen Tempel dargebracht werden:

„Als aber der Christus kam als ein Hoherpriester der zukünftigen [Heils-]Güter, ist er durch das größere und vollkommenere Zelt, das nicht mit Händen gemacht, das heißt nicht von dieser Schöpfung ist, auch nicht mit dem Blut von Böcken und Kälbern, sondern mit seinem eigenen Blut ein für allemal in das Heiligtum eingegangen und hat eine ewige Erlösung erlangt. Denn wenn das Blut von Stieren und Böcken und die Besprengung mit der Asche der jungen Kuh die Verunreinigten heiligt zur Reinheit des Fleisches, wieviel mehr wird das Blut des Christus, der

sich selbst durch den ewigen Geist als ein makelloses Opfer Gott dargebracht hat, euer Gewissen reinigen von toten Werken, damit ihr dem lebendigen Gott dienen könnt." (Hebräer 9,11-14).

Damit ist nun auch uns der Zugang zum Vater eröffnet im Heiligen Geist, sodass wir geistlich durch den Vorhang hindurch das Allerheiligste betreten, welches zuvor nur der Hohepriester einmal im Jahr durfte:

„Da wir nun, ihr Brüder, kraft des Blutes Jesu Freimütigkeit haben zum Eingang in das Heiligtum, den er uns eingeweiht hat als neuen und lebendigen Weg durch den Vorhang hindurch, das heißt, durch sein Fleisch, und da wir einen großen Priester über das Haus Gottes haben, so lasst uns hinzutreten mit wahrhaftigem Herzen, in völliger Gewissheit des Glaubens, durch Besprengung der Herzen los vom bösen Gewissen und am Leib gewaschen mit reinem Wasser." (Hebräer 10,19-22).

Die Bildersprache des Tempelgottesdienstes stellte eine geistliche Realität dar, die uns erst im Neuen Bund zugänglich wurde.

- Was sehen wir als erstes, wenn wir den Vorhof betreten? Den Altar, und damit sehen wir das Lamm Gottes auf dem Kreuz.
- Was kommt danach? Das Waschbecken, und darin sehen wir die Reinigung von den Sünden in der Taufe.
- Erst nach dieser Reinigung konnten die Priester das Heiligtum betreten, und so treten wir in Gottes Haus, werden Seine Hausgenossen und Sein königliches Priestertum.
- Der Vorhang, der das Allerheiligste vom Heiligen trennt, ist das Fleisch Christi, und er ist von oben bis unten zerrissen, als dieser am Kreuz verschied:

„Und siehe, der Vorhang im Tempel riss von oben bis unten entzwei, und die Erde erbebte, und die Felsen spalteten sich." (Matthäus 27,51).

Mit dem Opfertod Christi tritt der Neue Bund in Kraft und der steinerne Tempel hat seine Funktion verloren. Nie wieder würde durch ein Tempelopfer Versöhnung zwischen Gott und Seinem Volk geschehen. Das ist den Juden in den vierzig Jahren zwischen Karfreitag und der Zerstörung des Tempels im Jahr 70 n.Chr. aufgefallen, und sie verstanden es nicht. Im Talmud lesen wir:

„Die Rabbanan lehrten: Vierzig Jahre vor der Zerstörung des Tempels geriet nicht das Los [„für Gott'] in die Rechte, wurde der rotglänzende Wollstreifen nicht weiß, brannte nicht die westliche Lampe und öffneten sich die Tempeltüren von selbst, bis R. Joḥanan b.Zakkaj sie anschrie und sprach: O Tempel, weshalb ängstigst du dich! Ich weiß, dass du endlich zerstört werden wirst, und bereits hat Zekharja b. Ido über dich geweissagt: Öffne, Libanon, deine Türen, ein Feuer soll an deinen Zedern zehren." (Traktat Joma 39b).[31]

Gott konnte keine Versöhnungsopfer nach dem Gesetzesbund mehr annehmen, nachdem Christus diese in Seinem Leib erfüllt hatte. Wir haben hier einen historischen Beweis für die Gültigkeit des Kreuzes, der auch den Juden vor Augen stehen hätte müssen – aber sie sind verstockt, wie es beschrieben steht:

„Und ich hörte die Stimme des Herrn sagen: »Wen soll ich senden, und wer wird zu diesem Volk gehen?« Und ich sagte: »Siehe, hier bin ich; sende mich!«

Und er sagte: »Geh hin und sage diesem Volk: Mit dem Gehör werdet ihr hören und doch gewiss nicht verstehen, und schauend werdet ihr schauen und doch gewiss nicht sehen; denn das Herz dieses Volkes verfettete, und mit ihren Ohren hörten sie schwer, und ihre Augen schlossen sie, damit sie nicht etwa mit den Augen sehen und mit den Ohren hören und mit dem Herzen verstehen und umkehren, auf dass ich sie heilen werde.«

---

[31] https://www.sefaria.org/Yoma.39b.6?lang=bi&with=all&lang2=en

Und ich sagte: »Bis wann, Herr?« Und er sagte: »Bis Städte veröden, weil sie nicht bewohnt werden, und Häuser, weil keine Menschen da sind, und das Land wird öde liegen bleiben.« Und danach wird Gott die Menschen weit wegschaffen, und die Übriggebliebenen werden sich mehren auf dem Land; und ist auf ihm noch der Zehnt da, dann wird dieser wiederum zur Beute werden wie eine Terebinthe und wie eine Eichel, wenn sie herausfällt aus ihrer Schale." (Jesaja 6,8-13).

Was geschieht, wenn eine Eichel aus seiner Schale fällt? Sie fällt auf die Erde, keimt und wird zu einem neuen Baum. Was hier vorausgesagt wurde, erfüllte sich bis hin zur völligen Verwüstung des Landes Israel und der Zerstreuung des Volkes. Der neue Baum, gewissermaßen eine neue Geburt, ist die Fortsetzung und Vollendung Israels!

„Er kam in sein Eigentum, und die Seinen nahmen ihn nicht auf. Allen aber, die ihn aufnahmen, denen gab er das Anrecht, Kinder Gottes zu werden, denen, die an seinen Namen glauben." (Johannes 1,11-12).

„Ich frage nun: Sind sie denn gestrauchelt, damit sie fallen sollten? Das sei ferne! Sondern durch ihren Fall wurde das Heil den Heiden zuteil, um sie zur Eifersucht zu reizen." (Römer 11,11).

Der Herr Jesus bezog den Tempel aber auch auf sich selbst, auf Seinen Leib. Schon bei Seiner Menschwerdung heißt es:

„Und das Wort wurde Fleisch und wohnte [w. zeltete] unter uns; und wir sahen seine Herrlichkeit, eine Herrlichkeit als des Eingeborenen vom Vater, voller Gnade und Wahrheit." (Johannes 1,14).

Das Leben unter uns wird mit einem Wort beschrieben, das mit der Stiftshütte eng verwandt ist, mit einem Leben im Zelt. Als der Herr in den Tempel ging, um von dort die Händler zu vertreiben, waren die Priester empört und forderten eine Erklärung:

„Da antworteten die Juden und sprachen zu ihm: Was für ein Zeichen zeigst du uns, dass du dies tun darfst? Jesus antwortete und sprach zu ihnen: Brecht diesen

Tempel ab, und in drei Tagen will ich ihn aufrichten! Da sprachen die Juden: In 46 Jahren³² ist dieser Tempel erbaut worden, und du willst ihn in drei Tagen aufrichten? Er aber redete von dem Tempel seines Leibes. Als er nun aus den Toten auferstanden war, dachten seine Jünger daran, dass er ihnen dies gesagt hatte, und sie glaubten der Schrift und dem Wort, das Jesus gesprochen hatte." (Johannes 2,18-22).

Der Tempel ist ein Bild auf Christus, denn Er ist die leibhaftige Wohnung Gottes; genau das bezweckte Gott auch mit der Stiftshütte: Sie war das Mittel, um unter Seinem Volk zu leben und mit ihm zu ziehen, so wie der Leib Christi Gott sichtbar und begreifbar machte unter uns Menschen. Paulus schreibt:

„Denn in ihm wohnt die ganze Fülle der Gottheit leibhaftig." (Kolosser 2,9).

Johannes ist begeistert:

„Was von Anfang war, was wir gehört haben, was wir mit unseren Augen gesehen haben, was wir angeschaut und was unsere Hände betastet haben vom Wort des Lebens – und das Leben ist erschienen, und wir haben gesehen und bezeugen und verkündigen euch das ewige Leben, das bei dem Vater war und uns erschienen ist –, was wir gesehen und gehört haben, das verkündigen wir euch, damit auch ihr Gemeinschaft mit uns habt; und unsere Gemeinschaft ist mit dem Vater und mit seinem Sohn Jesus Christus. Und dies schreiben wir euch, damit eure Freude vollkommen sei." (1. Johannes 1,1-4).

Es ist nicht unüblich, unseren sterblichen Körper mit einem flüchtigen Zelt zu vergleichen. Demgegenüber erwarten wir in der Auferstehung ein beständiges, festes Haus:

---

³² Das bezieht sich auf die Renovierungs- und Vergrößerungsarbeiten unter König Herodes dem Großen, der sich dadurch bei den jüdischen Untertanen beliebt machen wollte.

„Denn wir wissen: Wenn unsere irdische Zeltwohnung abgebrochen wird, haben wir im Himmel einen Bau von Gott, ein Haus, nicht mit Händen gemacht, das ewig ist." (2. Korinther 5,1).

Genauso verhält es sich bildhaft mit der Stiftshütte und dem Tempel: Die Stiftshütte bildet das Leben Jesu in Niedrigkeit ab. Der Tempel aber wurde erst errichtet, als das Königtum Davids etabliert war und Salomo – der Friedliche – in Frieden über ganz Israel herrschte. Dieser Tempel repräsentiert den auferstandenen Herrn: erst das Zelt, dann das Haus; erst der vergängliche und sterbliche Leib, dann der auferstandene und verherrlichte Leib. Doch all das sind nur Bilder gewesen, die in Christus ihre reale Entsprechung haben. Salomo selbst wusste, dass Gott nicht wirklich in dem Tempel wohne, den er mit so viel Hingabe errichtet hat:

„Wird denn Gott wirklich mit Menschen auf der Erde wohnen? Wenn der Himmel und der Himmel des Himmels nicht für dich reichen werden, wie auch nur dieses Haus, das ich für deinen Namen gebaut habe?" (3. Königtümer [1. Könige] 8,27).

Wir lassen uns leicht durch äußere Dinge blenden, und so war auch ganz Israel begeistert vom Tempel. Zur Zeit Jesu war der Tempel in Jerusalem das größte und prächtigste Heiligtum der antiken Welt. Aber es war stets nur als vorläufig gedacht, als ein Abbild, bis der kommen würde, der es in sich selbst, in Seinem Leib ans Ziel bringt und erfüllt.

Der Leib Christi ist nicht nur in den Himmel aufgenommen worden, sondern Er ist zugleich auf Erden in Form der Gemeinde, die Sein Leib ist. Und das meint zugleich, dass die Gemeinde der Tempel Gottes auf Erden ist, ein Tempel, gebildet aus lebendigen Steinen, dessen Eckstein der Herr ist, in dem Christus selbst durch den Heiligen Geist wohnt, ein Leib, dessen Haupt Christus ist. All das hängt unmittelbar zusammen, ergänzt und beleuchtet einander. Ist uns das immer bewusst?

„Wisst ihr nicht, dass ihr Gottes Tempel seid, und dass der Geist Gottes in euch wohnt?" (1. Korinther 3,16).

„So seid ihr nun nicht mehr Fremdlinge ohne Bürgerrecht und Gäste, sondern Mitbürger der Heiligen und Gottes Hausgenossen, auferbaut auf der Grundlage der Apostel und Propheten, während Jesus Christus selbst der Eckstein ist, in dem der ganze Bau, zusammengefügt, wächst zu einem heiligen Tempel im Herrn, in dem auch ihr miterbaut werdet zu einer Wohnung Gottes im Geist." (Epheser 2,19-22).

„Dieser ist das Ebenbild des unsichtbaren Gottes, der Erstgeborene, der über aller Schöpfung ist. Denn in ihm ist alles erschaffen worden, was im Himmel und was auf Erden ist, das Sichtbare und das Unsichtbare, seien es Throne oder Herrschaften oder Fürstentümer oder Gewalten: alles ist durch ihn und für ihn geschaffen; und er ist vor allem, und alles hat seinen Bestand in ihm. Und er ist das Haupt des Leibes, der Gemeinde, er, der der Anfang ist, der Erstgeborene aus den Toten, damit er in allem der Erste sei. Denn es gefiel Gott, in ihm alle Fülle wohnen zu lassen." (Kolosser 1,15-19).

Petrus beschreibt es ebenfalls sehr anschaulich:

„Da ihr zu ihm gekommen seid, zu dem lebendigen Stein, der von den Menschen zwar verworfen, bei Gott aber auserwählt und kostbar ist, so lasst auch ihr euch nun als lebendige Steine aufbauen, als ein geistliches Haus, als ein heiliges Priestertum, um geistliche Opfer darzubringen, die Gott wohlgefällig sind durch Jesus Christus. Darum steht auch in der Schrift: »Siehe, ich lege in Zion einen auserwählten, kostbaren Eckstein, und wer an ihn glaubt, soll nicht zuschanden werden«. …

Ihr aber seid ein auserwähltes Geschlecht, ein königliches Priestertum, ein heiliges Volk, ein Volk des Eigentums, damit ihr die Tugenden dessen verkündet, der euch aus der Finsternis berufen hat zu seinem wunderbaren Licht – euch, die ihr einst nicht ein Volk wart, jetzt aber Gottes Volk seid, und einst nicht begnadigt wart, jetzt aber begnadigt seid." (1. Petrus 2,4-6.9-10).

Damit ist auch zum Ausdruck gebracht und nachdrücklich betont, dass der alte Tempel obsolet geworden ist, und zwar ein für alle Mal. Wenn es da nicht eine interessante Prophezeiung über einen „Dritten Tempel"[33] gäbe. In den Kapiteln 40-48 beschreibt Hesekiel einen Tempel in allen Maßen und Details, wie Gott es ihm in einer Vision beschrieben hat. Dieser entspricht ganz offensichtlich nicht dem, der nach dem babylonischen Exil errichtet wurde. Doch so detailliert ist die Beschreibung gar nicht; mit diesen Angaben könnte man den Tempel nicht bauen (vgl. die umsetzbaren Anweisungen zur Stiftshütte), denn es fehlen fast durchwegs die Höhenangaben und andere Angaben. Ebenso fehlen Dinge in diesem Tempel, die in der Stiftshütte und dem Tempel Salomos unverzichtbar waren: das Waschbecken etwa oder die Bundeslade. Und das wird über den Altar gesagt:

„Vor dem Heiligen befand sich etwas, das aussah wie eine Opferstätte aus Holz, drei Ellen ihre Höhe und die Länge zwei Ellen und die Breite zwei Ellen. Und sie hatte Hörner, und ihr Sockel und ihre Wände waren aus Holz. Und er sprach zu mir: Dies ist der Tisch, der vor dem Angesicht des Herrn steht." (Hesekiel 41,21-22).

Wie kann ein hölzerner Altar seinen Dienst erfüllen? Man könnte das Holz freilich als Anspielung auf das Kreuz verstehen; die frühen Christen stellten oft solche Bezüge her. Um es zusammenzufassen: Die ganze Vision ist kaum dazu angelegt, wörtlich ausgelegt zu werden. Was zeichenhaft ist, muss als Zeichen interpretiert werden, und alles, was den Tempel (in welcher Bauphase auch immer) betrifft, ist zeichenhaft. Ansonsten ergeben sich Fragen, die im Widerspruch zur gesamten Heilsgeschichte stehen: Geht es dabei tatsächlich um die Wiederherstellung des Alten Bundes, die Sammlung des alten Volkes und die Errichtung eines steinernen Tempels? Sollte Gott den Neuen Bund zugunsten des Vorläufigen wieder aufheben?

---

[33] Der 1. Tempel ist der von Salomo, der durch die Babylonier zerstört wurde, der 2. Tempel ist jener, der unter Serubbabel und Esra wieder aufgebaut und durch Herodes ausgeschmückt wurde, den die Römer zerstörten.

Tertullian schreibt:

*„In betreff der Herstellung Judäas aber, welche die Juden selbst, durch die Orts-
und Ländernamen verleitet, buchstäblich so hoffen, wie sie beschrieben wird, wäre
es zu weitläufig, hier auszuführen, dass sich die allegorische Auslegung davon im
geistigen Sinne auf die Kirche, ihr Aussehen und ihre Früchte beziehe … weil es
sich hier nicht um die irdische, sondern um die himmlische Verheißung handelt.
Wir bekennen auch, dass uns ein Reich auf Erden verheißen sei, aber vor dem
Eintritt des Himmelreiches und in einem andern Zustande; nämlich in der Stadt
Jerusalem göttlichen Ursprungs, welche auf 1.000 Jahre nach der Auferstehung
vom Himmel herabgebracht wird. Diese bezeichnet auch der Apostel „als unsere
Mutter da droben", und indem er es ausspricht: „dass unser Wandeln", d. i. unser
Bürgertum, „im Himmel sei", versetzt er jenes Reich offenbar in eine himmlische
Stadt. Dieselbe war auch Hesekiel bekannt; auch Johannes hat sie gesehen. …*

*Was sagst Du denn dazu, dass dem Abraham nach der ersten Verheißung, wodurch
ihm ein Same von der Menge der Sandkörner verheißen wird, auch noch bestimmt
wird, den Sternen gleich zu sein? Sind das nicht Hindeutungen auf einen irdischen und einen himmlischen Ratschluss Gottes? Wenn Isaak seinen Sohn Jakob
segnend sagt: „Es gebe Dir der Herr vom Tau des Himmels und vom Fett der
Erde", sind das nicht Beweise von einer doppelten Schenkung?"* (Die fünf Bücher
gegen Marcion III,24).

Die gesamte Geschichte Israels hat also neben ihrem unbestrittenen historischen Wert eine vorrangige geistliche Bedeutung. Hieronymus (347-420)
sagt etwa:

*„Weiter komme ich zu Josua, dem Sohne des Nave, der nicht nur in seinen Taten,
sondern schon durch seinen Namen ein Vorbild des Erlösers ist. Josua zog über
den Jordan, zerstörte die feindlichen Reiche und verteilte das Land unter das
siegreiche Volk. Er beschreibt die einzelnen Städte, Flecken, Berge, Flüsse, Ströme
und Grenzen und gibt uns auf diese Weise eine typische (vorbildliche / schat-*

tenhafte) Schilderung der Kirche und des himmlischen Jerusalem.“ (53. Brief: An den Priester Paulinus 8).

Cyprian (200-258) hält fest, dass wir gar keinen anderen Tempel mehr erwarten können:

„Christus wird das Haus und der Tempel Gottes sein; der alte Tempel hat aufgehört, und ein neuer beginnt. Das alte Opfer wird abgelegt und ein neues gefeiert. Das alte Priestertum hört auf, und es kommt ein neuer Priester, der in Ewigkeit sein wird. Ein anderer, Moses ähnlicher Prophet ist verheißen, das heißt: einer, der das Neue Testament gibt und auf den man mehr hören muss.“ (Drei Bücher Schriftbeweise I, Leitsätze 15-18).

Darum findet man im letzten Buch der Bibel, der der Offenbarung, nur zwei Arten von Tempel: (a) das Urbild im Himmel (Offenbarung 11,19) und (b) im Gegensatz dazu einen Tempel in Jerusalem, der ausdrücklich nicht Gottes Billigung findet, denn Er nennt diese Stadt Sodom und Ägypten (Offenbarung 11,8). Im Millennium sehen wir keinen Tempel, und nach der Neuschaffung der Himmel und der Erde, wenn das wahre, himmlische Jerusalem auf die Erde herabkommt, lesen wir:

„Und einen Tempel sah ich nicht in ihr; denn der Herr, Gott der Allmächtige, ist ihr Tempel, und das Lamm.“ (Offenbarung 21,22).

Wie immer die Vision aus Hesekiel im Detail zu deuten ist (will sie überhaupt im Detail gedeutet werden?), sie muss dennoch im Licht der großen Linie vom Alten zum Neuen Bund verstanden werden und kann daher nichts anderes bedeuten, ohne der übrigen Schrift zu widersprechen. Denn auch in dieser Vision ist lediglich von einem „Modell“ die Rede:

„Und er führte mich heraus auf dem Weg des Tores, das nach Osten schaut, und maß das Modell des Tempelhauses ringsherum der Reihe nach.“ (Hesekiel 42,15).

Das Wort „ὑπόδειγμα / hupodeigma" ist nicht mehr als ein Zeichen, ein Modell, etwas zur Nachahmung, ein Beispiel.[34] Darum ist keine buchstäbliche Erfüllung dieses Tempels zu erwarten, ebensowenig wie die Stiftshütte und der salomonische Tempel das waren, was diese wie jener lediglich symbolisch abbildeten.

Der Tempel ist nämlich die Summe der Schranken, die aufgrund der Sünde zwischen Gott und den Menschen stehen: Vorhof => Altar => Waschung => Heiligtum => Vorhang => Allerheiligstes. Ohne Priestertum geht gar nichts, und nur den Priestern ist der Zugang ins Heiligtum gestattet, allein dem Hohepriester der ins Allerheiligste. Alles ist voll von Blut von Böcken und Stieren, die doch keine Sünden wegnehmen können (Hebräer 10,4). All das ist in Christus erfüllt, sodass wir keiner menschlichen priesterlichen Vermittlung mehr bedürfen. Durch Christus haben wir im Heiligen Geist den freien und unmittelbaren Zugang zum Vater.

So zielt nun alles auf das *eine* hin, was Gott seit dem Garten Eden am Herzen lag:

„Und ich sah einen neuen Himmel und eine neue Erde; denn der erste Himmel und die erste Erde waren vergangen, und das Meer gibt es nicht mehr. Und ich, Johannes, sah die heilige Stadt, das neue Jerusalem, von Gott aus dem Himmel herabsteigen, zubereitet wie eine für ihren Mann geschmückte Braut. Und ich hörte eine laute Stimme aus dem Himmel sagen: Siehe, das Zelt Gottes bei den Menschen! Und er wird bei ihnen wohnen; und sie werden seine Völker sein, und Gott selbst wird bei ihnen sein, ihr Gott." (Offenbarung 21,1-3).

---

[34] Im masoretischen Text heißt es lediglich *„und er maß es".* Ob das Wort „Modell" verlorengegangen ist, wie im masoretischen Text öfter einmal etwas versehentlich ausgelassen wurde, oder ob es von den jüdischen (!) Schriftgelehrten, welche die LXX übersetzten, zur Verdeutlichung eingefügt wurde, lässt sich nicht mehr feststellen. In jedem Fall ist klar, dass die Juden damals keine buchstäbliche Erfüllung dieser Vision erwarteten. Ebensowenig die ersten und die frühen Christen.

In dieser Stadt gibt es ausdrücklich keinen Tempel mehr, weil der Herr unser Tempel ist.

Das wahre Passah

Gott ist ein Gott der Feste und liebt es, mit Seinem Volk zu feiern. Er gibt uns auch allen Grund dazu, denn alle Feste rufen Sein Heilshandeln in Erinnerung. Es sind insgesamt sieben Feste, die der Gesetzesbund fordert, und zwei weitere, welche später hinzugekommen und gebilligt sind.

- Passah (am 14. des ersten Monats) – Erinnerung an den Auszug aus Ägypten
- Fest der ungesäuerten Brote (vom 15. bis zum 21. des ersten Monats)
- Erstlingsgarbe (am Sonntag nach dem Passahfest)[35]
- Das Fest der 50 Tage – Pfingsten (am 7. Sonntag nach dem Fest der Erstlingsgarbe)
- Das Fest der Trompeten (am 1. des siebten Monats)
- Der Versöhnungstag (am 10. des siebten Monats)
- Das Laubhüttenfest (vom 15. bis zum 22. des siebten Monats)

Ferner die nicht gebotenen Feste:

- Purim – zur Erinnerung an die Rettung im Buch Ester
- Tempelweihe (Chanukka) – zur Erinnerung an den Sieg der Makkabäer und die erneute Einweihung des Tempels.

Zu drei Festen musste jeder israelitische Mann nach Jerusalem pilgern: zu Passah, zu Pfingsten und zum Laubhüttenfest. Abgesehen davon, dass diese Feste eine freudige Angelegenheit waren, fragten die ersten Christen sich, ob sie diese noch halten müssen, wie auch viele von ihnen glaubten,

---

[35] Die Brenton-Übersetzung der Septuaginta und die Schlachter 2000 (die dem Hebräischen Text folgt) hat hier tatsächlich: „Am Morgen des ersten Tages", in den meisten anderen Übersetzungen (auch der LXX-Deutsch) lesen wir aber: „Am Tag nach dem ersten (Tag)". Meines Erachtens entscheidet das Gegenbild dazu, die Auferstehung des Herrn am 1. Tag der Woche (Sonntag) nach dem Passah, die korrekte Lesart.

das ganze Gesetz befolgen zu müssen. Doch die apostolische Lehre ist diesbezüglich sehr klar:

„So lasst euch von niemand richten wegen Speise oder Trank, oder wegen bestimmter Feiertage oder Neumondfeste oder Sabbate, die doch nur ein Schatten der Dinge sind, die kommen sollen, wovon aber der Christus das Wesen hat." (Kolosser 2,16-17).

Verbindet man die Feste mit Christus, wird es sehr deutlich: Die vier Feste des ersten Halbjahres bedeuten folgendes:

- Passah – An diesem Tag wurde unser Herr Jesus gekreuzigt.
- Fest der ungesäuerten Brote – die Reinigung von der Sünde.
- Erstlingsgarbe – An diesem Tag ist unser Herr Jesus auferstanden.
- Das Fest der 50 Tage – Herabkunft des Heiligen Geistes und Entstehung der Gemeinde.

Die nächsten drei Feste weisen auf das zweite Kommen des Herrn:

- Das Fest der Trompeten – Wiederkunft des Herrn.
- Der Versöhnungstag – Das letzte Gericht und die Annahme der Gerechten.
- Das Laubhüttenfest – Auferstehung zum Leben im ewigen Reich Gottes.

Um das zu illustrieren, lasse ich zum Laubhüttenfest Gregor von Nyssa (335-394) zu Wort kommen:

„Denn auch das Gesetz, das in den Schattenbildern die Wahrheit vorbildlich darstellt, hat bei dem Laubhüttenfest den Trompetenstoß angeordnet. Der Gegenstand des heutigen Festes ist das Geheimnis der wahren Laubhütten. Denn in diesen wird die Hütte des Menschen aufgeschlagen durch Den, der unsertwegen den Menschen angezogen; in diesen werden die vom Tode zerstörten Hütten

wieder von Dem aufgeschlagen, der von Anfang an unsere Wohnung gebaut hat.“
(Festrede auf die Geburt unsers Herrn Jesus Christus 1).

Da das Laubhüttenfest auch die Erntesaison zum Abschluss brachte, schrieb Methodius von Olympus (260-312):

„Dann feiern wir das große Fest der wahren Laubhütten in der neuen und unvergänglichen Schöpfung; dann sind die Früchte der Erde eingeheimst.“ (Gastmahl; 9. Rede [von Tysiane] 1).

Wenden wir uns nun aber dem Passahfest zu. Als Israel in ägyptischer Knechtschaft war, sandte Gott den Moses, um den Pharao zu bewegen, Sein Volk freizulassen, damit es in das verheißene Land ziehe. Dieser weigerte sich aber hartnäckig, weshalb Gott ihn mit zehn Plagen in die Knie zwang. Die letzte Plage betraf den Tod aller Erstgeborenen. Gott ordnete nun folgendes an, damit Sein Volk von der Plage verschont bliebe:

„Der Herr aber sagte zu Mose und Aaron im Land Ägypten: Dieser Monat ist für euch der Anfang der Monate, der erste ist er für euch unter den Monaten des Jahres. Sprich zur ganzen Gemeinschaft der Israeliten:

»Am Zehnten dieses Monats sollen sie ein Schaf nehmen, jeder nach Vaterhäusern, ein Schaf pro Haus. Wenn aber die, die in dem Haus wohnen, sehr wenige sind, sodass sie nicht genug sind für ein Schaf, dann soll man seinen nächsten Nachbarn zu sich dazunehmen, entsprechend der Anzahl der Menschen. Jeder soll das für ihn Ausreichende zusammenrechnen auf das Schaf. Ein vollkommenes männliches einjähriges Schaf soll es für euch sein. Von den Lämmern und den Kitzen sollt ihr es nehmen.

Und es soll für euch aufbewahrt sein bis zum vierzehnten Tag dieses Monats, und die ganze Menge der Gemeinschaft der Israeliten: Sie sollen es gegen Abend schlachten. Und sie sollen etwas von dem Blut nehmen und es anbringen an die beiden Pfosten und am Türsturz in den Häusern, in denen sie es essen wollen. Und sie sollen die Fleischstücke in dieser Nacht verzehren. Am Feuer Geröstetes und ungesäuerte Brote auf Bitterkräutern sollen sie essen. Ihr sollt davon nichts Rohes und in Wasser Gekochtes essen, sondern (nur) am Feuer geröstete Stücke, den Kopf mitsamt den Füßen und den Eingeweiden. Ihr sollt nichts davon übrig lassen bis zum Morgen, und keinen Knochen von ihm sollt ihr zerbrechen. Was aber bis zum Morgen von ihm übrig bleibt, sollt ihr im Feuer verbrennen. So aber sollt ihr es verzehren: Eure Lenden sollen dabei gegürtet sein und die Schuhe an euren Füßen und die Stäbe in euren Händen. Und ihr sollt es in Eile essen: Es ist ein Pascha für den Herrn.

Und ich werde durch das Land Ägypten ziehen in dieser Nacht und jede Erstgeburt im Land Ägypten schlagen, vom Menschen bis zum Vieh, und an allen Göttern der Ägypter werde ich Rache nehmen: ich, der Herr. Und das Blut soll als Zeichen für euch an den Häusern sein, in denen ihr seid, und ich werde das Blut sehen und euch schützen, und keinen Vernichtungsschlag wird es unter euch geben, wenn ich zuschlage im Land Ägypten.

Und dieser Tag soll für euch ein Andenken sein, und ihr sollt ihn feiern als ein Fest für den Herrn bis in alle eure Generationen. Als ewige Regel sollt ihr ihn feiern.

Sieben Tage lang sollt ihr Ungesäuertes essen, vom ersten Tag an sollt ihr aber Sauerteig aus euren Häusern entfernen. Jeder, der Sauerteig verzehrt – ausgerottet wird jener Mensch aus Israel – vom ersten bis zum siebten Tage der Woche. Sowohl der erste Tag soll heilig genannt werden als auch der siebte Tag soll heilig genannt sein von euch. Keinerlei Dienstarbeit sollt ihr an ihnen vollbringen, nur alles, was von jedermann getan werden muss, das allein soll von euch getan werden.

Und ihr sollt dieses Gebot einhalten. An diesem Tag nämlich werde ich eure Schar aus dem Land Ägypten herausführen, und ihr sollt diesen Tag für eure Generationen zu einer ewigen Regel machen. Beginnend mit dem vierzehnten Tag des ersten Monats vom Abend sollt ihr ungesäuerte Brote essen bis zum Abend des 21. Tages des Monats. Sieben Tage lang soll man keinen Sauerteig in euren Häusern finden. Jeder, der Sauerteig verzehrt – ausgerottet werden soll jener Mensch aus *der Gemeinschaft Israels – sei er unter den ansässigen Fremden oder den Eingeborenen des Landes. Alles Gesäuerte sollt ihr nicht essen, an jedem eurer Wohnorte sollt ihr Ungesäuertes essen.«"* (Exodus 12,1-20).

Ohne das Blut des Lammes wären auch die Israeliten von der Plage betroffen gewesen, was sehr eindrücklich zeigt, dass sie selbst vor Gott nicht minder sündig als die Ägypter waren. Gott hat nicht die Gerechten berufen, sondern die Sünder. So taten sie, was der Herr geboten hatte, und der Pharao war gebrochen. Er ließ sie ziehen.

Die ganze Geschichte des Exodus ist eine prophetische Illustration des Evangeliums. Paulus schreibt, nicht nur erhebend, sondern durchaus warnend:

„Wisst ihr nicht, dass ein wenig Sauerteig den ganzen Teig durchsäuert? Darum fegt den alten Sauerteig aus, damit ihr ein neuer Teig seid, da ihr ja ungesäuert seid! Denn unser Passahlamm ist ja für uns geschlachtet worden: Christus. So wollen wir denn nicht mit altem Sauerteig Fest feiern, auch nicht mit Sauerteig der Bosheit und Schlechtigkeit, sondern mit ungesäuerten Broten der Lauterkeit und Wahrheit." (1. Korinther 5,6-8).

Und etwas später:

„Ich will aber nicht, meine Brüder, dass ihr außer Acht lasst, dass unsere Väter alle unter der Wolke gewesen und alle durch das Meer hindurchgegangen sind. Sie wurden auch alle auf Mose getauft in der Wolke und im Meer, und sie haben alle dieselbe geistliche Speise gegessen und alle denselben geistlichen Trank getrunken; denn sie tranken aus einem geistlichen Felsen, der ihnen folgte. Der Fels aber war Christus.

Aber an der Mehrzahl von ihnen hatte Gott kein Wohlgefallen; sie wurden nämlich in der Wüste niedergestreckt. Diese Dinge aber sind zum Vorbild für uns geschehen, damit wir nicht nach dem Bösen begierig werden, so wie jene begierig waren." (1. Korinther 10,1-6).

Fasst man die Eckpunkte des Auszugs zusammen, ergeben sich folgende Analogien:

- Das Passah ist das Lamm Gottes, Jesus Christus.
- Die ungesäuerten Brote sind die entschiedene Abkehr von der Sünde.
- Der Durchzug durchs Rote Meer ist die Taufe im Wasser.
- Die Wolke ist der Heilige Geist.
- Das Manna und das Wasser aus dem Felsen spiegeln sich als geistliche Speise und geistlicher Trank im Abendmahl und der darin zum Ausdruck gebrachten Teilhabe an Christus.
- Die Wüstenreise ist die Nachfolge Jesu in dieser Welt mit all ihren Versuchungen und Prüfungen.
- Die Stiftshütte ist Christus mitten unter uns.
- Das Durchschreiten des Jordan bezeichnet unseren leiblichen Tod.
- Der Ankunft in Kanaan entspricht unsere leibliche Auferstehung im ewigen Reich Gottes.

Die damit verbundenen Feste bilden all das bildlich ab, erinnern an die Erfahrungen Israels und schatten das Evangelium voraus. Als Johannes der Täufer das Volk auf den Herrn vorbereitete, verwies er mit folgenden Worten auf Ihn:

„Siehe, das Lamm Gottes, das die Sünde der Welt hinwegnimmt!" (Johannes 1,29).

Kein Lamm kann unsere Sünden hinwegnehmen, wohl aber der, auf den alle Opfer- und Passahlämmer der Geschichte hingewiesen haben: Jesus Christus! Als Er nun am Kreuz starb, lesen wir etwas, das unmittelbar mit den Verordnungen zum Passah zusammenhängt und damit die prophetische Verbindung zwischen Vorbild und Erfüllung herstellt:

„Weil es Rüsttag war – jener Sabbat war nämlich ein hoher Festtag –, baten die Juden nun Pilatus, damit die Leichname nicht während des Sabbats am Kreuz

blieben, dass ihnen die Beine zerschlagen und sie herabgenommen würden. Da kamen die Kriegsknechte und brachen dem ersten die Beine, ebenso dem anderen, der mit ihm gekreuzigt worden war. Als sie aber zu Jesus kamen und sahen, dass er schon gestorben war, zerschlugen sie ihm die Beine nicht, sondern einer der Kriegsknechte stach mit einem Speer in seine Seite, und sogleich floss Blut und Wasser heraus.

Und der das gesehen hat, der hat es bezeugt, und sein Zeugnis ist wahr, und er weiß, dass er die Wahrheit sagt, damit ihr glaubt. Denn dies ist geschehen, damit die Schrift erfüllt würde: »Kein Knochen soll ihm zerbrochen werden«." (Johannes 19,31-35).

In den Vorschriften zum Passah heißt es, dem Lamm dürfe kein Knochen zerbrochen werden. Warum, wenn es schon geschlachtet ist? Darum: Weil Gott darin einen Hinweis auf das wahre Passahlamm verborgen hatte, an dem dieses erkannt werden sollte.

All das wird von keinem Christen bestritten, auch nicht von jenen, die das Gesetz halten wollen. Die Frage ist, ob wir dieses Fest noch feiern müssen. Grundsätzlich ist es in Christus erfüllt, und wie alles Zeichenhafte damit obsolet. Doch gerade dieses Fest wurde als christliches Fest etabliert und mit neuen Formen versehen – das ist christliche Tradition, und kein biblisches Gebot; doch auch der Ablauf einer jüdischen Passafeier folgt Traditionen, die religiösen Überlegungen entstammen, aber nicht dem mosaischen Gesetz. Keineswegs macht es also Sinn, dieses Fest in jüdischer Weise gemäß der „Überlieferungen der Väter" zu feiern.

Was es noch gibt, und durchaus reizvoll ist, sind Passahfeiern nach messianisch-jüdischer Weise, wo im Sinne einer ausgedehnten „Gegenstandslektion" jeder Aspekt der traditionell jüdischen „Seder" auf Christus hin ausgelegt wird. Ich habe selbst an solch einer Feier teilgenommen und sie auch zwei Mal selbst geleitet. Aber es ist auch ein bisschen „aufgesetzt", da die Basis dessen ja nicht das Gesetz des Moses an sich ist. Nach diesem nämlich müsste man dazu nach Jerusalem pilgern und ein Lamm im Tempel schlachten lassen, um dieses gemeinsam zu verzehren. Es ist daher ein Ding der Unmöglichkeit, das Passah nach dem Gesetz zu feiern.

Da Gott ein Gott der Feste ist, ist es aber legitim, gerade dieses Fest zu feiern, wie es von Anbeginn der christlichen Kirche getan wurde. Aber es wurde nie in jüdischer Weise gefeiert.

Es war ein völlig anderer Ablauf, der mit einer langen Fastenzeit begann. Vierzig Tage vor dem Fest der Auferstehung fasteten die Christen, und zwar allgemein und überall. Diese Fastenzeit wurde mit einem Festmahl am Tag der Auferstehung beendet. Sonntags wurde grundsätzlich nicht gefastet, denn es ist ein wöchentliches Gedenken an die Auferstehung, wo sich Freude aber nicht Fasten ziemt. Darum dauert die Fastenzeit um die ausgelassenen Sonntage länger. Bis heute ist das so: von Aschermittwoch bis Ostersonntag reicht die christliche Fastenzeit. Muss man diese halten? Nein, es ist aber eine alte christliche Tradition, die man durchaus erwägen sollte, denn diese besinnliche Vorbereitungszeit auf das große jährliche Fest erhöht die darauf folgende Festfreude. Wer gut und ausgiebig feiern will, sollte auch fasten können.

Es gab nur ein Problem: An welchem Termin feiern wir die Auferstehung? Soll der 14. Nisan gemäß dem jüdischen Kalender der Stichtag sein, oder der auf das Passah folgende Sonntag (Fest der Erstlingsfrucht)? Die Christen Kleinasiens hatten vom Apostel Johannes den Brauch übernommen, am 14. Nisan zu feiern.[36] In Rom und den meisten anderen Gegenden beendete aber erst der Sonntag danach das Fasten. Das wird dann zum Problem, wenn Christen verschiedener Traditionen dieses Fest gemeinsamen begehen wollen, aber zu unterschiedlichen Zeitpunkten das Fasten

---

[36] Bevor mir beim Schreiben dieses Buches das Fest der Erstlingsfrucht (Sonntag nach Passah) in Bezug auf die Auferstehung bewusst wurde, schien mir der 14. Nisan auch naheliegender.

beenden. So kam es bereits im 1. Jahrhundert zu Gesprächen darüber. Eusebius und Irenäus berichten darüber:

„Unter anderen richtete auch Irenäus im Namen der ihm untergebenen gallischen Brüder ein Schreiben an ihn. Darin tritt er zwar dafür ein, dass man nur am Sonntage das Geheimnis der Auferstehung des Herrn feiern dürfe, aber er mahnt auch Viktor würdig und eindringlich, er solle nicht ganze Kirchen Gottes, die an alten, überlieferten Bräuchen festhalten, ausschließen, und fährt wörtlich also fort: „Es handelt sich nämlich in dem Streit nicht bloß um den Tag, sondern auch um die Art des Fastens. Die einen glauben nämlich, nur einen einzigen Tag, andere zwei, andere noch mehr fasten zu sollen; wieder andere dehnen die Zeit ihres Fastens auf vierzig Stunden, Tag und Nacht, aus. Diese verschiedene Praxis im Fasten ist nicht erst jetzt in unserer Zeit aufgekommen, sondern schon viel früher, zur Zeit unserer Vorfahren, welche wohl nicht umsichtig genug waren und darum eine aus Naivität und Ungeschicklichkeit entstandene Gewohnheit auf die Folgezeit vererbten. Aber trotz dieser Verschiedenheit lebten all diese Christen in Frieden, und leben auch wir in Frieden. Die Verschiedenheit im Fasten erweist die Einheit im Glauben.“ …

Doch, trotzdem sie dieselbe nicht beobachteten, hatten sie nichtsdestoweniger Friede mit denjenigen, welche aus Gemeinden kamen, in denen die Praxis eingehalten wurde. Und doch hätte die Ausübung des Brauches denen, die ihn nicht hatten, den Gegensatz erst recht zu Bewusstsein bringen sollen. Niemals wurden aus solchem Grunde Leute ausgeschlossen, vielmehr schickten die, welche vor dir Presbyter waren, obwohl sie die Praxis nicht hatten, an die, welche sie hatten und aus solchen Gemeinden kamen, die Eucharistie. Als der selige Polykarp unter Anicet in Rom weilte und zwischen ihnen wegen einiger anderer Fragen kleine Differenzen entstanden waren, schlossen sie sogleich Frieden. Denn in dieser wichtigsten Frage kannten sie unter sich keinen Streit. Weder vermochte Anicet den Polykarp zu überreden, jenen Brauch nicht mehr festzuhalten, den dieser mit Johannes, dem Jünger unseres Herrn, und mit den übrigen Aposteln, mit denen er verkehrte, ständig beobachtet hatte; noch überredete Polykarp den Anicet, ihn zu beobachten, da dieser erklärte, er müsse an der Gewohnheit der ihm vorangegangenen Presbyter festhalten. Trotz dieser Differenzen blieben beide in Gemeinschaft." (Kirchengeschichte V,24).

Zur Zeit Victors († 198) flammte die Frage wieder auf und drohte diesmal zu einem Streit zu führen, weshalb Irenäus diesen beschwichtigenden Brief schrieb. Schlussendlich einigte man sich auf den Sonntag, der – rundum betrachtet – tatsächlich ein stimmigerer Termin ist. Allerdings gibt es kein Gebot des Herrn dazu, auch keine mosaische Vorschrift. Dennoch war es seit den Tagen der Apostel ein Herzensanliegen der frühen Christen, der Auferstehung Jesu jedes Jahr in einem Fest zu gedenken.

Ebenso gibt es auch jüdische Feste (Purim und Chanukka), die nicht durch das mosaische Gesetz geboten, aber erlaubt und gebilligt sind. Daran sieht man, dass der Freude im Herrn keine Grenzen gesetzt sind und wir nicht sauertöpfisch wie die verbissensten Puritaner dem Herrn nachfolgen brauchen. Diese haben einst das Weihnachtsfest unter Strafandrohung verboten, weil es kein biblisch gebotenes Fest ist. Wir können aber an Purim, Chanukka und der christlichen Form des Passahfestes erkennen, dass es in den Ausdrucksformen der Freude sehr viel Freiheit gibt.

Christus ist unser Passah – und an jedem Auferstehungstag darf man eine „Festfeier" halten (1. Korinther 5,8). Fasten und sich kasteien kann man sich an allen anderen Tagen, wenn man möchte. Was keinen Sinn macht und mangels Tempel auch gar nicht geht, ist ein Rückfall in die Formen der alttestamentlichen Passahfeier. Bei den Juden heute gibt es deswegen auch kein gebratenes Lamm mehr, nur einen Knochen, der daran erinnern soll; eine müde Mahlzeit …

Nachsatz: Es haben sich bei den Osterfesten (beginnend beim Namen) auch viele heidnische Bräuche eingeschlichen: die keltischen Osterfeuer etwa, der Osterhase, der ursprünglich in Verbindung mit Aphrodite stand, die Ostereier als ursprünglich heidnisches Fruchtbarkeitssymbol … von all dem sollte man Abstand nehmen, denn sie haben mit der Auferstehung unseres Herrn Jesus Christus wirklich gar nichts zu tun.

Der wahre Hohepriester

Im Zentrum des mosaischen Gesetzes standen der Tempel und der levitische Priesterdienst. Der ganze Stamm Levi wurde eigens dafür ausgesondert, die Dienste rund um die Stiftshütte zu besorgen, und die Söhne Aarons, des Bruders Moses, wirkten als die Priester, welche die Opfer darbrachten. Von Aaron kam auch der jeweilige Hohepriester, der einmal im Jahr, am Versöhnungstag, in das Allerheiligste gehen musste, um das Opferblut auf die Bundeslade zu sprengen.

Der Tempelgottesdienst war eine ehrfürchtige, erhebende Versammlung des Volkes Gottes. Anstelle der langwierigen Darlegung der priesterlichen Vorschriften wollen wir einen Blick in den Tempel selbst werfen. Wir haben eine lebendige Beschreibung davon im Buch des Weisheitslehrers Jesus Sirach:

„Wie er verherrlicht worden ist bei der Tempelprozession, beim Herausgehen durch den Tempelvorhang; wie ein früher Stern inmitten einer Wolke, wie der volle Mond an Festtagen, wie die Sonne, die auf den Tempel des Höchsten strahlt, wie ein leuchtender Regenbogen in den Wolken der Herrlichkeit, wie eine Rosenblüte in jungen Tagen, wie Lilien an Wasserquellen, wie eine Blüte des Libanon in den Tagen des Sommers, wie Feuer und Weihrauch auf dem Kohlenfass, wie ein Gefäß aus massiv gearbeitetem Gold, geschmückt mit vielerlei kostbarem Edelstein, wie ein Olivenbaum, der Früchte sprießen lässt, und wie eine Zypresse, die sich in die Wolken erhebt.

Indem er sich umlegt das Gewand der Herrlichkeit, und indem er bekleidet wird mit einer ruhmvollen Perfektion, beim Hinaufgehen auf den heiligen Altar verherrlichte er den Umhang des Heiligtums; beim Empfangen der Opferstücke aus den Händen der Priester stand er selbst bei der Feuerstelle des Altars, um ihn herum der Kranz der Brüder, wie ein Schössling der Zedern im Libanon, und sie haben ihn umkreist wie Stämme von Dattelpalmen, und alle Söhne Aarons in ihrer Herrlichkeit und eine Gabe des Herrn in ihren Händen vor der ganzen

Versammlung Israels; und während er den religiösen Dienst an den Altären zu Ende bringt, zu schmücken die Opfergabe des Höchsten, des Allmächtigen, hat er über der Schale seine Hand ausgebreitet und hat vom Blut der Weintraube ein Trankopfer ausgegossen, er hat es hingeschüttet auf die Fundamente des Altars, angenehmer Wohlgeruch dem Höchsten, dem Allkönig. Dann erhoben die Söhne Aarons die Stimme, und sie haben die getriebenen Trompeten ertönen lassen, sie ließen hören einen gewaltigen Klang zur Erinnerung vor dem Höchsten.

Dann eilte das ganze Volk gemeinsam herbei, und es fiel auf sein Angesicht auf die Erde nieder, um niederzuknien und seinem Herrn zu huldigen, dem allmächtigen Gott, dem Höchsten; und die Psalmensänger lobten mit ihren Stimmen, mit vollstem Klang ist die Melodie süß geworden; und das Volk bat den Herrn, den Höchsten, im Gebet vor dem Barmherzigen, bis die Ordnung des Herrn vollendet war und das Volk seinen Dienst beendet hatte.

Dann kam er herab und erhob seine Hände über die ganze Versammlung der Söhne Israels, um den Segen des Herrn von seinen Lippen zu erteilen und sich in seinem Namen zu rühmen; und sie fielen abermals anbetend nieder, um den Segen vom Höchsten zu empfangen." (Jesus Sirach 50,5-21).

Herrlichkeit! Alles ist würdig und überaus schön und macht Gott alle Ehre, auch wenn es nur ein schwacher Abglanz der himmlischen Festversammlung ist (vgl. Hebräer 12,22-24). Statt auf die Details der priesterlichen Verordnungen einzugehen, was etwas ermüdend sein kann und vor allem in der buchstäblichen Form keine unmittelbare Bedeutung mehr hat, will ich gleich in mehrfacher Hinsicht auf die Vorläufigkeit dieser Ordnung eingehen:

- Das levitische Priestertum ist integraler Bestandteil des Gesetzesbundes, der von Gott selbst als „vorläufig" angelegt worden war, indem Er einen neuen Bund ankündigte, in dem niemand mehr dem anderen sagen müsse: *„Erkenne den Herrn!"* Dieser Zuruf ist

Teil des priesterlichen Dienstes, nun aber *ist* das ganze Volk, was es damals erst *werden* sollte: ein königliches Priestertum.

- Spätestens mit der Zerstörung des Tempels und der darin aufbewahrten Geschlechtsregister ist dieser Priesterdienst unmöglich geworden, denn (a) fehlt der Tempel, und (b) kann auch niemand mehr nachweisen, ob er tatsächlich priesterlicher (aaronitischer) Abstammung ist. Ich kannte einen jüdischen Restaurantbesitzer, der durch einen DNA-Befund seine Abstammung von Aaron belegen konnte. Darauf änderte er seinen Familiennamen auf Cohn. Der Name Cohn oder Cohen leitet sich vom hebräischen Wort für Priester ab und bewahrt bis heute eine Erinnerung an die Herkunft. Doch niemand kann sagen, zu welcher Abteilung der Priester er gehört, was für die Einteilung des Priesterdienstes aber wesentlich ist. Auch kann der DNA-Test nicht ermitteln, ob man spezifisch aus der hohepriesterlichen Familie stammt.

- Außerdem ist bereits prophetisch ein anderes Priestertum angekündigt, das nicht aus dem Stamm Levi kommt, sondern nach der Ordnung des jebusitischen, nichtjüdischen Priesters Melchisedek eingesetzt werden soll. Darum soll es im Folgenden gehen:

In den Psalmen finden wir diese für jeden gesetzestreuen Juden und Priester verstörende Prophezeiung:

„Es sprach der Herr zu meinem Herrn: Setze dich zu meiner Rechten, bis ich deine Feinde zum Schemel deiner Füße mache. Den Stab deiner Macht wird der Herr von Sion aussenden, und so herrsche inmitten deiner Feinde. Mit dir ist die Herrschaft am Tag deiner Macht im Glanz der Heiligen; aus dem Leib habe ich dich hervorgebracht noch vor dem Morgenstern. Der Herr hat es geschworen und wird es nicht bereuen: Du bist Priester bis in Ewigkeit nach der Ordnung Melchisedeks." (Psalm 109[110],1-4).

Wie ist das zu verstehen? Da konnten auch die Schriftgelehrten und Pharisäer keine Antwort geben, als der Herr Jesus sie fragte:

„Als nun die Pharisäer versammelt waren, fragte sie Jesus und sprach: Was denkt ihr von dem Christus? Wessen Sohn ist er? Sie sagten zu ihm: Davids. Er spricht zu ihnen: Wieso nennt ihn denn David im Geist »Herr«, indem er spricht: »Der Herr hat zu meinem Herrn gesagt: Setze dich zu meiner Rechten, bis ich deine Feinde hinlege als Schemel für deine Füße«? Wenn also David ihn Herr nennt, wie kann er dann sein Sohn sein? Und niemand konnte ihm ein Wort erwidern. Auch getraute sich von jenem Tag an niemand mehr, ihn zu fragen." (Matthäus 22,41-46).

Allen war bewusst, dass der Messias, der Christus, der Sohn Davids sein müsse; alle waren auch überzeugt, dass dieser Psalm vom Messias handelt. Wie aber geht sich das aus, wenn David seinen Sohn „Herr" nennt? Darauf wussten die Pharisäer keine Antwort, und auch der Herr wollte ihnen dieses Rätsel nicht auflösen. Einen Hinweis haben wir im Text selbst:

Der Herr zur Rechten des Herrn ist aus dem „Leib" Gottes noch vor dem ersten Morgenstern hervorgegangen. Er ist also der Sohn Gottes bereits vor Grundlegung der Welt. In den alten Bekenntnissen heißt es deshalb, Er sei „Gott vom wahren Gott". Darum betete der Herr:

„Du hast mich geliebt vor Grundlegung der Welt." (Johannes 17,24).

Petrus schreibt:

„Er war zuvor ersehen vor Grundlegung der Welt, aber wurde offenbar gemacht in den letzten Zeiten um euretwillen." (1. Petrus 1,20).

Christus war das ausführende Wort Gottes bei der Schöpfung und von Anfang an bei Gott:

„Im Anfang war das Wort, und das Wort war bei Gott, und das Wort war Gott. Dieses war im Anfang bei Gott. Alles ist durch dasselbe entstanden; und ohne dasselbe ist auch nicht eines entstanden, was entstanden ist." (Johannes 1,1-2).

Darum hat Christus auch eine uneingeschränkt göttliche Natur, ist Gott gleich, denn Er wurde gezeugt und nicht erschaffen. Darum nannte David Ihn Herr! Denn Er ist wie der Herr, gleicher Natur, aus Ihm hervorgegangen, ohne bei Seiner Menschwerdung etwas davon einzubüßen. Nach der Auferstehung wurde Er in den Himmel aufgenommen und setzte sich zur Rechten Gottes. Damit tritt die Prophezeiung in Kraft, welche das Priestertum nach der Ordnung Melchisedeks beschreibt.

Dieses Priestertum ist ewig, durch einen Eidschwur Gottes bekräftigt und wird ausdrücklich nicht „bereut" (bzw. zurückgenommen). Über 25 Mal wird dieser Psalm im Neuen Testament zitiert bzw. wird auf ihn angespielt; der Hebräerbrief widmet dem Priestertum Melchisedeks gleich mehrere Kapitel, wobei der Schreiber sich gar nicht sicher ist, ob seine Leser diese Wahrheiten überhaupt verstehen werden:

„Über ihn [Melchisedek] haben wir viel zu sagen, und zwar Dinge, die schwer zu erklären sind, weil ihr träge geworden seid im Hören. Denn obgleich ihr der Zeit nach Lehrer sein solltet, habt ihr es wieder nötig, dass man euch lehrt, was die Anfangsgründe der Aussprüche Gottes sind; und ihr seid solche geworden, die Milch nötig haben und nicht feste Speise." (Hebräer 5,11-12).

Es ist schwer, weil dazu eine tiefe Verwurzelung in den Heilslehren des Evangeliums vorausgesetzt wird. Wer – wie die Adressaten des Briefes – noch mit halbem Herzen am Gesetzesbund hängt, wird gröbere Verständnisprobleme damit haben. Aber auch jeder, dessen Glaube sich mit Johannes 3,16 begnügt und nicht weiter darüber hinaus forscht, wie lang, wie breit, wie hoch und wie tief die Liebe Gottes ist (vgl. Epheser 3,14-19). Wir sind dazu aufgerufen, tiefer zu graben, damit unsere Glaubenswurzeln fest werden und wir gesund zur geistlichen Reife in Christus heranwachsen.

Der Hohepriester ist der Vermittler zwischen Gott und Mensch; im Alten Bund standen die Söhne Aarons dafür in der Pflicht, im Neuen Bund ist es der Sohn Gottes selbst, der nach einer viel besseren Ordnung diesen Mittlerdienst ausübt. Was waren die Defizite oder Mängel der Söhne Aarons?

„Denn jeder aus Menschen genommene Hohepriester wird für Menschen eingesetzt in dem, was Gott betrifft, um sowohl Gaben darzubringen als auch Opfer für die Sünden. Ein solcher kann Nachsicht üben mit den Unwissenden und Irrenden, da er auch selbst mit Schwachheit behaftet ist; und um dieser willen muss er, wie für das Volk, so auch für sich selbst Opfer für die Sünden darbringen.“ (Hebräer 5,1-3).

Das erste Defizit ist die eigene Sündhaftigkeit aller menschlichen Hohepriester.

„Wenn nun durch das levitische Priestertum die Vollkommenheit gekommen wäre – denn unter diesem hat das Volk das Gesetz empfangen –, wozu wäre es noch nötig, dass ein anderer Priester nach der Weise Melchisedeks auftritt und nicht nach der Weise Aarons benannt wird?“ (Hebräer 7,11).

Der zweite gravierende Mangel ist, dass das levitische Priestertum keine Vollkommenheit bringen konnte. Darum mussten dieselben Opfer immer und immer wieder wiederholt werden, weil das Blut von Böcken und Stieren keine Sünden wegnehmen kann. Am Versöhnungstag wird so letztendlich nur alljährlich an die Sünde erinnert, das Problem aber nicht ein für alle Mal gelöst.

„Und jene sind in großer Anzahl Priester geworden, weil der Tod sie am Bleiben hinderte.“ (Hebräer 7,23).

Diese Priester waren allesamt sterblich, zudem auch durch die Generationen von schwankender Qualität, schwach und hinfällig in ihrer eigenen Sündhaftigkeit.

„Denn das Gesetz bestimmt Menschen zu Hohenpriestern, die mit Schwachheit behaftet sind.“ (Hebräer 7,28).

Zudem gehört dieses Priestertum zu einem Bund, der in sich selbst unvollkommen war:

„Denn wenn jener erste Bund tadellos gewesen wäre, so wäre nicht Raum für einen zweiten gesucht worden." (Hebräer 8,7).

Außerdem konnte das Priestertum unter dem Gesetz das Volk nicht in die Gegenwart Gottes bringen:

„Damit zeigt der Heilige Geist deutlich, dass der Weg zum Heiligtum noch nicht offenbar gemacht ist, solange das vordere Zelt Bestand hat." (Hebräer 9,8).

Das aber liegt daran, dass dieses Priestertum nur mit einem Abbild und Schatten zu tun hatte und damit selbst bildlich und schattenhaft war.

„Denn weil das Gesetz nur einen Schatten der zukünftigen [Heils-]Güter hat, nicht die Gestalt der Dinge selbst, so kann es auch mit den gleichen alljährlichen Opfern, die man immer wieder darbringt, die Hinzutretenden niemals zur Vollendung bringen." (Hebräer 10,1).

Fassen wir dieses vernichtende Urteil zusammen:

- Die Priester waren selbst sündig.
- Sie konnten mit ihrem Dienst niemanden zur Vollkommenheit bringen.
- Sie waren sterblich.
- Sie waren mit Schwachheit behaftet.
- Ihr Dienst war wie das ganze Gesetz nicht tadellos und musste daher durch etwas Besseres ersetzt werden.
- Sie konnten das Volk nicht in ein Naheverhältnis mit Gott bringen.
- Sie hatten nur mit Abbildern und Schatten zu tun, nicht mit der Wirklichkeit, und wahren daher selbst auch nur bildlich und schattenhaft.

Als der Herr Jesus vor dem Hohen Rat bekannte, sie würden Ihn einst zur Rechten der Macht sitzen sehen (Matthäus 26,64), verwies Er auf den Psalm 109(110) und sagte damit zu den Priestern indirekt: *„Und dann braucht euch niemand mehr. Euer Dienst ist obsolet geworden, eure Stellung und euer Ruhm sind dahin, eure kostbaren Priestergewänder werden zum Fraß der Motten."* Denn nun beginnt ein besseres Priestertum nach einer besseren Ordnung.

Warum aber nach der Ordnung Melchisedeks? Wer ist das überhaupt? Er segnete Abraham im Buch Genesis, und der gab ihm den Zehnten:

„Nachdem er aber vom Schlag gegen Chodollogomor und den mit ihm verbündeten Königen zurückgekehrt war, kam der König von Sodom heraus zur Begegnung mit ihm in die Senke Save – das war die Königsebene.

Und Melchisedek, der König von Salem, brachte Brote und Wein heraus; er war nämlich Priester des höchsten Gottes. Und er segnete Abram und sagte: Gesegnet sei Abram vom höchsten Gott, der den Himmel und die Erde erschaffen hat, und gesegnet ist der höchste Gott, der dir deine Feinde in die Hände gegeben hat. Und er gab ihm den Zehnten von allem." (Genesis 14,17-20).

Das ist alles, was wir über ihn lesen. Darum verwirrt es, dass in dem prophetischen Psalm gerade jener nichtjüdische Priester aus Kanaan das Vorbild für eine neue Priesterordnung sein soll. Im Hebräerbrief wird das nun ausführlich entfaltet, und dabei gibt uns dieser Brief gewissermaßen eine Anleitung, wie wir die Schriften des Alten Bundes lesen sollen: Worauf ist dabei zu achten? Welche Geheimnisse sind in scheinbar unbedeutenden Details der Erzählung verborgen? Wie können wir darin den Herrn Jesus Christus entdecken?

„Denn dieser Melchisedek war König von Salem, ein Priester Gottes, des Allerhöchsten; er kam Abraham entgegen, als der von der Niederwerfung der Könige zurückkehrte, und segnete ihn. Ihm gab auch Abraham den Zehnten von allem. Er wird zuerst gedeutet als »König der Gerechtigkeit«, dann aber auch als »König von Salem«, das heißt König des Friedens. Er ist ohne Vater, ohne Mutter, ohne

Geschlechtsregister und hat weder Anfang der Tage noch Ende des Lebens; und als einer, der dem Sohn Gottes verglichen ist, bleibt er Priester für immer." (Hebräer 7,1-3).

Wir sollen besonders auf die Namen und auffällige „Anomalien" achten. Die Namen werden übersetzt und erklärt:

- Melchisedek bedeutet „König der Gerechtigkeit".
- Er ist der König von Salem (dem späteren Jerusalem), und das bedeutet „König des Friedens".

Beides beschreibt, was der Messias ist, denn Sein Reich ist ein Reich des Friedens und der Gerechtigkeit. In ihm sind auch Priestertum und Königtum vereint, was aber in Israel stets getrennt wurde: Die Könige stammten aus dem Stamm Juda und dem Haus Davids, die Priester jedoch aus dem Stamm Levi und dem Haus Aarons. In Christus wird das vereint, so wie auch Melchisedek zugleich Priester und König war. Weiter bemerkt der Hebräerbrief auffällige Anomalien und zieht bemerkenswerte Schlüsse daraus:

- Während im Buch Genesis alle Patriarchen mit einer Liste an Vorfahren vorgestellt werden, wird uns von Melchisedek weder der Name seines Vaters noch seiner Mutter überliefert. Auch hören wir nirgends etwas von Seinem Tod.
- Er hat also weder Anfang noch Ende und gleicht darin dem Sohn Gottes, der ebenso ewig ist. Darum ist auch sein Priestertum ewig.
- Er kommt Abraham mit Brot und Wein entgegen, was uns natürlich gleich an das Abendmahl erinnert.

Somit gleicht Melchisedek, der zweifellos eine historische Person mit Eltern war, der auch irgendwann einmal gestorben ist, dem Herrn Jesus, und zwar in der Weise, wie er in Gottes inspiriertem Wort beschrieben wird. Diese Besonderheiten und die Namen sind also nicht ohne Absicht so verfasst worden, sie sollten prophetisch sein, und genau darauf weist der

Psalm 109(110) hin. Das zwingt den Bibelleser zum betenden Überlegen, damit er erfasse, was Gott uns damit offenbaren möchte.

Nun belegt der Hebräerbrief aus diesem Text auch, dass das Priestertum Melchisedeks größer ist als das Levis und Aarons. Die Gedankengänge dazu mögen uns, die wir nicht gewöhnt sind so zu denken, überraschen:

„So seht nun, wie groß der ist, dem selbst Abraham, der Patriarch, den Zehnten von der Beute gab! Zwar haben auch diejenigen von den Söhnen Levis, die das Priestertum empfangen, den Auftrag, vom Volk den Zehnten zu nehmen nach dem Gesetz, also von ihren Brüdern, obgleich diese aus Abrahams Lenden hervorgegangen sind; der aber, der sein Geschlecht nicht von ihnen herleitet, hat von Abraham den Zehnten genommen und den gesegnet, der die Verheißungen hatte! Nun ist es aber unwidersprechlich so, dass der Geringere von dem Höhergestellten gesegnet wird; und hier nehmen sterbliche Menschen den Zehnten, dort aber einer, von dem bezeugt wird, dass er lebt. Und sozusagen ist durch Abraham auch für Levi, den Empfänger des Zehnten, der Zehnte entrichtet worden; denn er war noch in der Lende seines Vaters, als Melchisedek ihm begegnete." (Hebräer 7,4-9).

Dieses Priestertum Melchisedeks weist auf den Herrn Jesus; in Ihm wird es erfüllt, und durch Ihn wird das bewirkt, was das levitische Priestertum aufgrund seiner offenkundigen Unzulänglichkeit nicht bewerkstelligen konnte:

„Denn derjenige, von dem diese Dinge gesagt werden, gehört einem anderen Stamm an, von dem keiner am Altar gedient hat; denn es ist ja bekannt, dass unser Herr aus Juda entsprossen ist; und zu diesem Stamm hat Mose nichts über ein Priestertum geredet. Und noch viel klarer liegt die Sache, wenn ein anderer Priester auftritt, von gleicher Art wie Melchisedek, der es nicht geworden ist aufgrund einer Gesetzesbestimmung, die auf fleischlicher Abstammung beruht, sondern aufgrund der Kraft unauflöslichen Lebens; denn er bezeugt: »Du bist Priester in Ewigkeit nach der Weise Melchisedeks«." (Hebräer 7,13-17).

Ein entscheidender Unterschied ist das unauflösliche Leben des Herrn Jesus. Doch es gibt ein vordergründiges Problem: So war es nicht im Gesetz des Moses vorgesehen, denn dort ist das Priestertum eindeutig dem Stamm Levi vorbehalten. Als andere – die Aufrührer unter der Führung Korahs – die priesterlichen Aufgaben auch für sich reklamierten, endete das für sie sogar tödlich. Gott gab damals ein Zeichen, welches Aarons Priestertum bestätigte:

„Und der Herr sprach zu Mose: Sprich mit den Israeliten, und nimm von ihnen einen Stab für jedes Vaterhaus, von allen ihren Anführern, für jedes ihrer Vaterhäuser, zwölf Stäbe, und von jedem sollst du seinen Namen auf seinen Stab schreiben.

Und den Namen Aarons sollst du auf den Stab des Levi schreiben, es ist nämlich ein einziger Stab, für den Stamm ihres Vaterhauses sollen sie ihn geben. Und du sollst sie in das Zelt des Zeugnisses legen gegenüber dem Zeugnis, da, wo ich mich dir zu erkennen geben werde. Und es wird sein: Der Mensch, den ich auserwählen werde: sein Stab wird erblühen; und ich werde von mir das Murren der Israeliten wegnehmen, das sie gegen euch anstimmen.

Und Mose sprach mit den Israeliten, und alle ihre Anführer gaben ihm einen Stab, einen Stab je Anführer für ihre Vaterhäuser, zwölf Stäbe, und der Stab Aarons war mitten unter ihren Stäben. Und Mose legte die Stäbe vor den Herrn hin im Zelt des Zeugnisses. Und es geschah am nächsten Tag, da gingen Mose und Aaron in das Zelt des Zeugnisses, und siehe, der Stab Aarons war erblüht für das Haus des Levi, und er hatte einen Trieb hervorgebracht und Blüten getrieben und Nüsse erzeugt.

Und Mose brachte alle Stäbe vom Angesicht des Herrn hinaus zu allen Israeliten, und sie sahen und nahmen jeder einen Stab. Und der Herr sagte zu Mose: Stelle den Stab Aarons gegenüber den Zeugnissen auf, um ihn aufzubewahren als Zeichen für die Söhne der Ungehorsamen, und ihr Murren soll aufhören, weg von mir, und sie sterben gewiss nicht mehr. Und Mose und Aaron taten, wie es der Herr dem Mose befohlen hatte, so taten sie." (Numeri 17,1-11).

Doch auch in dieser klaren Bestätigung ist ein Geheimnis verborgen, denn der erblühte und Früchte tragende Stab Aarons ist – weil Totes lebendig wurde – ein Bild für die Auferstehung des Herrn und die Frucht Seines Opfers. Dass der Stab dann ins Allerheiligste neben die Bundeslade gelegt wurde, deutet Christi Himmelfahrt und Sein Sitzen zur Rechten Gottes an. Was aber tun wir mit dem Gesetz? Die Antwort ist klar und radikal:

„Denn wenn das Priestertum verändert wird, so muss notwendigerweise auch eine Änderung des Gesetzes erfolgen. ... Damit erfolgt nämlich eine Aufhebung des vorher gültigen Gebotes wegen seiner Kraftlosigkeit und Nutzlosigkeit, denn das Gesetz hat nichts zur Vollkommenheit gebracht –, zugleich aber die Einführung einer besseren Hoffnung, durch die wir Gott nahen können. ... [insofern] ist Jesus umso mehr der Bürge eines besseren Bundes geworden." (Hebräer 7,12,18-19.22).

Das Gesetz des Moses wird ausdrücklich aufgehoben und verändert. Die Prophetie setzt das voraus, da ein neues Priestertum nicht ohne Änderung des Gesetzes erfolgen kann. Der Neue Bund bringt also zwangsläufig ein neues Gesetz.

Der Priesterdienst nach der Ordnung Melchisedeks bringt eine bessere Hoffnung, denn nun können wir Gott nahen; der Weg ins Allerheiligste ist offen. Was war die Grundlage dafür?

„Denn ein solcher Hoherpriester tat uns not, der heilig, unschuldig, unbefleckt, von den Sündern abgesondert und höher als die Himmel ist, der es nicht wie die Hohenpriester täglich nötig hat, zuerst für die eigenen Sünden Opfer darzubringen, danach für die des Volkes; denn dieses letztere hat er ein für allemal getan, indem er sich selbst als Opfer darbrachte." (Hebräer 7,26-27).

Er opferte keine körperlich makellosen (und natürlich unschuldigen) Lämmer, sondern Er war selbst unschuldig und unbefleckt und brachte sich selbst als Opfer dar. Nicht wiederholt, wie im levitischen Priestertum, sondern ein für alle Mal. Weil es ein vollkommenes Opfer ist, welches auch die Kraft hat, uns vollkommen zu machen.

„Als aber der Christus kam als ein Hoherpriester der zukünftigen [Heils-]Güter, ist er durch das größere und vollkommenere Zelt, das nicht mit Händen gemacht, das heißt nicht von dieser Schöpfung ist, auch nicht mit dem Blut von Böcken und Kälbern, sondern mit seinem eigenen Blut ein für allemal in das Heiligtum eingegangen und hat eine ewige Erlösung erlangt. Denn wenn das Blut von Stieren und Böcken und die Besprengung mit der Asche der jungen Kuh die Verunreinigten heiligt zur Reinheit des Fleisches, wieviel mehr wird das Blut des Christus, der sich selbst durch den ewigen Geist als ein makelloses Opfer Gott dargebracht hat, euer Gewissen reinigen von toten Werken, damit ihr dem lebendigen Gott dienen könnt.“ (Hebräer 9,11-14).

Einzig ein makelloses Opfer kann uns reinigen. Die Tieropfer waren nur ein kraftloser Schatten, aber das Opfer Christi ist die kraftvolle Realität. Mehr noch: Er hat dieses Opfer auch nicht im schattenhaften Tempel dargebracht, sondern im himmlischen Tempel, im wahren Heiligtum Gottes. Ein gläubiges Herz kann hier aus dem Staunen gar nicht herauskommen!

Dass Gott die Tieropfer gar nicht als zielführend ansah, sondern nur als vorläufiges Mittel zur Veranschaulichung, wird in einem anderen Psalm deutlich, den der Hebräerbrief zitiert:

„Denn unmöglich kann das Blut von Stieren und Böcken Sünden hinwegnehmen!

Darum spricht er bei seinem Eintritt in die Welt: »Opfer und Gaben hast du nicht gewollt; einen Leib aber hast du mir bereitet. An Brandopfern und Sündopfern hast du kein Wohlgefallen. Da sprach ich: Siehe, ich komme – in der Buchrolle steht von mir geschrieben –, um deinen Willen, o Gott, zu tun!« (Psalm 39[40],7-9).

Oben sagt er: »Opfer und Gaben, Brandopfer und Sündopfer hast du nicht gewollt, du hast auch kein Wohlgefallen an ihnen« – die ja nach dem Gesetz dargebracht werden –, dann fährt er fort: »Siehe, ich komme, um deinen Willen, o Gott, zu tun«. Somit hebt er das erste auf, um das zweite einzusetzen.

Aufgrund dieses Willens sind wir geheiligt durch die Opferung des Leibes Jesu Christi, und zwar ein für allemal." (Hebräer 10,4-10).[37]

Gott hob das Erste, den Alten Bund, auf, um durch ein vollkommenes Opfer das Zweite, den Neuen Bund, einzusetzen. Darum ist Christus ein unvergleichlich besserer Hohepriester als Aaron, doch nicht nur das: Er ist nicht nur höher als alle anderen Priester vor Ihm, Er machte sich auch niedriger als alle:

„Da nun die Kinder an Fleisch und Blut Anteil haben, ist er gleichermaßen dessen teilhaftig geworden, damit er durch den Tod den außer Wirksamkeit setzte, der die Macht des Todes hatte, nämlich den Teufel, und alle diejenigen befreite, die durch Todesfurcht ihr ganzes Leben hindurch in Knechtschaft gehalten wurden. Denn er nimmt sich ja nicht der Engel an, sondern des Samens Abrahams nimmt er sich an.

Daher musste er in jeder Hinsicht den Brüdern ähnlich werden, damit er ein barmherziger und treuer Hoherpriester würde in dem, was Gott betrifft, um die Sünden des Volkes zu sühnen; denn worin er selbst gelitten hat, als er versucht wurde, kann er denen helfen, die versucht werden." (Hebräer 2,14-18).

Und weil das so ist, sind alle Schranken des Tempeldienstes beseitigt und wir haben freien Zutritt zum Vater:

---

[37] Diese Erfüllung gründet übrigens auf der griechischen Übersetzung des Alten Testamentes, der Septuaginta (LXX), welche gerade im Hebräerbrief durchgehend gebraucht wird, aber auch sonst wird im ganzen Neuen Testament die LXX zu rund 90% zitiert. Es ist die vom Herrn, Seinen Aposteln und dem Heiligen Geist autorisierte Fassung des Alten Testaments.

„Da wir nun einen großen Hohenpriester haben, der die Himmel durchschritten hat, Jesus, den Sohn Gottes, so lasst uns festhalten an dem Bekenntnis! Denn wir haben nicht einen Hohenpriester, der kein Mitleid haben könnte mit unseren Schwachheiten, sondern einen, der in allem versucht worden ist in ähnlicher Weise wie wir, doch ohne Sünde. So lasst uns nun mit Freimütigkeit hinzutreten zum Thron der Gnade, damit wir Barmherzigkeit erlangen und Gnade finden zu rechtzeitiger Hilfe!" (Hebräer 4,14-16).

Erneut einen Tempel errichten zu wollen, um wieder blutige Sündopfer nach levitischer Ordnung darzubringen, ist nichts weniger als Unglaube und Abfall vom Evangelium. So etwas scheint in Hesekiel 40-48 verheißen zu sein, doch in der Vision wurde dem Propheten nicht das Eigentliche gezeigt, sondern ausdrücklich nur ein Modell, das nicht buchstäblich zu verstehen ist (Hesekiel 42,15).

Es gibt Bestrebungen unter Juden, den „Dritten Tempel" zu errichten, und Nachfahren Aarons werden bereits für die priesterlichen Aufgaben ausgebildet. Sie werden auch Hilfe bekommen, um ihr Vorhaben auszuführen:

„Und er [der kommende Fürst, der Antichrist] wird einen Bund mächtig machen gegenüber vielen, eine Woche lang. Und während der Hälfte der Woche wird Brandopfer und Trankopfer aufgehoben werden, und auf dem Tempel wird ein Gräuel der Verwüstungen sein, und bis zum Ende, und auf die Verwüstung wird ein Ende gegeben werden." (Daniel 9,27).

Diese sogenannte 70. Jahrwoche finden wir im Buch der Offenbarung, wo Johannes den Tempel vermisst. Er wird errichtet werden, und für dreieinhalb Jahre werden dort wieder Opfer dargebracht werden, bis der Antichrist dem ein Ende machen wird. Er hat anderes vor, nämlich die Errichtung eines „Gräuels der Verwüstungen", d.h. ein Götzenbild zu seiner Selbstverherrlichung. Paulus schreibt:

„Denn es muss unbedingt zuerst der Abfall kommen und der Mensch der Sünde geoffenbart werden, der Sohn des Verderbens, der sich widersetzt und sich über

alles erhebt, was Gott oder Gegenstand der Verehrung heißt, so dass er sich in den Tempel Gottes setzt als ein Gott und sich selbst für Gott ausgibt." (2. Thessalonicher 2,3-4).

Das Götzenbild beschreibt uns Johannes:

„Und es verführt die, welche auf der Erde wohnen, durch die Zeichen, die vor dem Tier zu tun ihm gegeben sind, und es sagt denen, die auf der Erde wohnen, dass sie dem Tier, das die Wunde von dem Schwert hat und am Leben geblieben ist, ein Bild machen sollen. Und es wurde ihm gegeben, dem Bild des Tieres einen Geist zu verleihen, so dass das Bild des Tieres sogar redete und bewirkte, dass alle getötet wurden, die das Bild des Tieres nicht anbeteten.

Und es bewirkt, dass allen, den Kleinen und den Großen, den Reichen und den Armen, den Freien und den Knechten, ein Malzeichen gegeben wird auf ihre rechte Hand oder auf ihre Stirn, und dass niemand kaufen oder verkaufen kann als nur der, welcher das Malzeichen hat oder den Namen des Tieres oder die Zahl seines Namens.

Hier ist die Weisheit! Wer das Verständnis hat, der berechne die Zahl des Tieres, denn es ist die Zahl eines Menschen, und seine Zahl ist 666." (Offenbarung 13,14-18).

Als besonders tragisch empfinde ich, dass mehrere Christen (jeder einzelne ist zu viel!) für die Errichtung des „Dritten Tempels" beten und dafür auch spenden.[38]

Das tiefe Bewusstsein vom wahren Hohepriester nach der Ordnung Melchisedeks ist ein Bollwerk für unseren Glauben, um in den Verwirrungen der letzten Zeit nicht von der wahrscheinlich überströmenden Herrlichkeit des „Dritten Tempels" geblendet zu werden. War schon der alte Tempeldienst, von dem wir eingangs gelesen haben, eine wahre Wonne für jedes

---

[38] https://www.youtube.com/watch?v=59blKabBVXs – ich teile das Ansinnen dieses Videos ausdrücklich nicht.

religiöse Herz, so wird dieser das noch übertreffen. Doch der Glaube an Christus steht über diesen religiösen Gefühlen, kennt die Wahrheit und hält daran fest.

Die wahre Heiligung

Heiligung bedeutet, für Gott abgesondert zu sein. Er nimmt etwas oder jemanden, oder ein ganzes Volk für Sich, zu Seiner Verfügung, zu Seiner Ehre. Auf Gott bezogen bedeutet heilig Sein völliges Getrenntsein von allem Bösen und Unreinen. Darum trennen uns unsere Sünden auch von dem heiligen Gott. Das nun ist die Berufung des Volkes Gottes:

„Und jetzt, wenn ihr meine Stimme wirklich hört und meine Verfügung bewahrt, sollt [oder werdet] ihr mir ein kostbares Volk von allen Volksstämmen sein. Mein ist nämlich die ganze Erde." (Exodus 19,5).

Israel soll nicht bloß ein königliches Priestertum werden, es soll Ihm (für Gott) ein solches werden. Dasselbe gilt im Neuen Bund. Bei Petrus lesen wir:

„Ihr aber seid ein auserwähltes Geschlecht, ein königliches Priestertum, ein heiliges Volk, ein Volk des Eigentums, damit ihr die Tugenden dessen verkündet, der euch aus der Finsternis berufen hat zu seinem wunderbaren Licht." (1. Petrus 2,9).

Auch in der Offenbarung des Johannes wird diese Zusage aufgegriffen:

„Ihm, der uns geliebt hat und uns von unseren Sünden gewaschen hat durch sein Blut, und uns zu Königen und Priestern gemacht hat für seinen Gott und Vater – Ihm sei die Herrlichkeit und die Macht von Ewigkeit zu Ewigkeit! Amen." (Offenbarung 1,5-6).

Und weiter:

„Du bist würdig, das Buch zu nehmen und seine Siegel zu öffnen; denn du bist geschlachtet worden und hast uns für Gott erkauft mit deinem Blut aus allen Stämmen und Sprachen und Völkern und Nationen, und hast uns zu Königen und Priestern gemacht für unseren Gott, und wir werden herrschen auf Erden." (Offenbarung 5,9-10).

Petrus und Johannes bestätigen nicht nur die Erfüllung der Israel gegebenen (bedingten) Zusage als eingetroffene Tatsache, sondern zeigen auch, dass sie sich nicht im fleischlichen Israel, sondern im geistlichen Israel des Neuen Bundes erfüllt hat, zu dem auch alle an Christus Gläubige *„aus allen Stämmen und Sprachen und Völkern und Nationen"* gehören.

Es gibt hier drei wesentliche Unterschiede zwischen dem Alten und dem Neuen Bund:

- An Israel erging das Wort in der Zukunftsform des Verbes (ihr werdet dies sein), Petrus beschreibt es als erfüllt (ihr seid es)!
- Die Zusage erfüllte sich aber nicht im fleischlichen Israel des Alten Bundes, sondern im geistlichen Israel des Neuen Bundes.
- Für Israel hing die Erfüllung der Zusage von ihrem Gesetzesgehorsam ab, für uns jedoch gründet dies auf dem Opfer Christi und der neuen Geburt.

Genau das unterscheidet den Alten vom Neuen Bund, doch das Prinzip bleibt dasselbe: Heiligung. Darum finden wir auch dieselbe damit verbundene Aufforderung im Gesetz und im Neuen Bund:

„Und der Herr sprach zu Mose: Sprich zur Versammlung der Israeliten und sage zu ihnen: Ihr sollt heilig sein, denn ich bin heilig, der Herr, euer Gott." (Leviticus 19,1-2).

Petrus greift das auf und schreibt:

„Wie der, welcher euch berufen hat, heilig ist, sollt auch ihr heilig sein in eurem ganzen Wandel. Denn es steht geschrieben: »Ihr sollt heilig sein, denn ich bin heilig!«" (1. Petrus 1,15-16).

Im Gesetz folgt diesem Aufruf eine lange Liste verschiedener Gesetze, die das Volk zu beachten hatte. Auszugsweise liest sich das so:

„Jeder soll seinen Vater und seine Mutter fürchten und ihr sollt meine Sabbate bewahren. Ich bin der Herr, euer Gott. Ihr sollt keinen Götzenbildern nachfolgen und euch keine gegossenen Götter machen. Ich bin der Herr, euer Gott.

Und wenn ihr dem Herrn ein Rettungsopfer opfert, sollt ihr für euch ein Annehmbares opfern. An dem Tag, an dem ihr opfert, soll es gegessen werden, auch am nächsten Tag. Und wenn es bis zum dritten Tag übrig bleibt, soll es mit Feuer verbrannt werden. Wenn es am dritten Tag aber als Speise verzehrt wird, gilt es nicht als Opfer; es wird nicht angenommen werden. Derjenige aber, der es isst, wird sich eine Sünde zuziehen, denn er hat die heiligen Dinge des Herrn entweiht. Und die Menschenseelen, die es essen, sollen aus ihrem Volk ausgerottet werden.

Und wenn ihr die Ernte eures Landes aberntet, sollt ihr das Abernten der Ernte eures Feldes nicht ganz vollenden und du sollst das, was von deiner Ernte abfällt, nicht zusammenlesen. Auch deinen Weinberg sollst du nicht völlig abernten und die losen Beeren deines Weinbergs sollst du nicht zusammenlesen. Du sollst sie dem Armen und dem Hinzugekommenen zurücklassen. Ich bin der Herr, euer Gott.

Ihr sollt nicht stehlen. Ihr sollt nicht lügen. Es soll nicht ein jeder den Nächsten verleumden. Und ihr sollt nicht in meinem Namen für etwas Unrechtmäßiges einen Eid ablegen und ihr sollt den Namen eures Gottes nicht entweihen. Ich bin der Herr, euer Gott.

Du sollst dem Nächsten kein Unrecht tun und du sollst nicht rauben und der Lohn des Tagelöhners soll auf keinen Fall über Nacht bis zum Morgen bei dir bleiben. Du sollst einen Tauben nicht beleidigen und vor einem Blinden keine Falle hinstellen und du sollst den Herrn, deinen Gott, fürchten. Ich bin der Herr, dein Gott. Ihr sollt im Gericht kein Unrecht verüben. Du sollst das Angesicht eines Armen nicht in Augenschein nehmen und das Angesicht eines Machthabers nicht bewundern. In Gerechtigkeit sollst du über deinen Nächsten urteilen. Du sollst nicht hinterlistig in deiner Volksgruppe umhergehen; du sollst dich nicht gegen das Blut deines Nächsten verbünden. Ich bin der Herr, euer Gott.

Du sollst in deinem Geist deinen Bruder nicht hassen; mit Tadel sollst du deinen Nächsten tadeln und so wirst du dir seinetwegen keine Sünde zuziehen. Und deine Hand soll keine Rache üben und du sollst den Angehörigen deines Volkes nicht grollen, sondern deinen Nächsten lieben wie dich selbst. Ich bin der Herr. Mein Gesetz sollt ihr bewahren.

Dein Vieh sollst du nicht von einem andersartigen Vieh bespringen lassen und deinen Weinberg sollst du nicht mit verschiedenartiger Saat besäen und du sollst dir selbst nicht ein aus zwei artmäßig nicht zusammengehörenden Materialien gewobenes Kleid überwerfen.

Und wenn jemand mit einer Frau den Beischlaf übt, und sie ist eine verlobte Hausdienerin und sie ist nicht mit einem Lösegeld ausgelöst oder es ist ihr keine Freiheit gewährt worden, soll ihnen Heimsuchung zuteilwerden. Sie werden nicht sterben, denn sie war nicht freigelassen.

Und er soll dem Herrn sein Für-die-Verfehlung zur Tür des Zeltes des Zeugnisses heranbringen, einen Widder als Für-die-Verfehlung. Und der Priester wird für ihn mit dem Widder des Für-die-Verfehlung vor dem Herrn Sühne schaffen für die Sünde, die er begangen hat, und ihm wird die Sünde, die er begangen hat, vergeben werden." (Leviticus 19,3-22).

Heiligung unter dem Gesetz bedeutete letztlich das ganze Gesetz mit all seinen 613 Geboten genau zu halten. Alles wird sehr genau beschrieben, wie für Menschen, die nicht von selbst wissen, was gut und böse ist. Diese Liste illustriert, was Paulus sagte:

„Wozu nun das Gesetz? Der Übertretung wegen wurde es hinzugefügt" (Galater 3,19).

Wer solche Gesetzeslisten braucht, kann sich unmöglich des Gesetzes rühmen, denn offenbar würde er von sich aus all das tun, was verboten ist, würde es ihm nicht ausdrücklich und unter Strafandrohung verboten.

Doch das ist das Wesen des Gesetzesbundes – das Gesetz offenbart unser Herz und überführt von der Sünde, aber es rettet uns nicht.

Wie ist es nun, wenn Petrus den Aufruf zur Heiligung zitiert? Meint er dasselbe wie das Gesetz?

„Darum umgürtet die Lenden eurer Gesinnung, seid nüchtern und setzt eure Hoffnung ganz auf die Gnade, die euch zuteil wird in der Offenbarung Jesu Christi. Als gehorsame Kinder passt euch nicht den Begierden an, denen ihr früher in eurer Unwissenheit dientet, sondern wie der, welcher euch berufen hat, heilig ist, sollt auch ihr heilig sein in eurem ganzen Wandel. Denn es steht geschrieben: »Ihr sollt heilig sein, denn ich bin heilig!«

Und wenn ihr den als Vater anruft, der ohne Ansehen der Person richtet nach dem Werk jedes einzelnen, so führt euren Wandel in Furcht, solange ihr euch hier als Fremdlinge aufhaltet. Denn ihr wisst ja, dass ihr nicht mit vergänglichen Dingen, mit Silber oder Gold, losgekauft worden seid aus eurem nichtigen, von den Vätern überlieferten Wandel, sondern mit dem kostbaren Blut des Christus, als eines makellosen und unbefleckten Lammes. Er war zuvor ersehen vor Grundlegung der Welt, aber wurde offenbar gemacht in den letzten Zeiten um euretwillen, die ihr durch ihn an Gott glaubt, der ihn aus den Toten auferweckt und ihm Herrlichkeit gegeben hat, damit euer Glaube und eure Hoffnung auf Gott gerichtet seien.

Da ihr eure Seelen im Gehorsam gegen die Wahrheit gereinigt habt durch den Geist zu ungeheuchelter Bruderliebe, so liebt einander beharrlich und aus reinem Herzen; denn ihr seid wiedergeboren nicht aus vergänglichem, sondern aus unvergänglichem Samen, durch das lebendige Wort Gottes, das in Ewigkeit bleibt." (1. Petrus 1,13-23).

Vergleicht man also die Heiligung unter dem Gesetz mit der Heiligung unter der Gnade, so ist der Unterschied himmelhoch! So wie die Verheißung, ein auserwähltes Volk für Gott zu sein, nicht mehr von der Einhaltung des Gesetzes abhängt, sondern von Christus, so ist Christus auch die Basis unserer Heiligung und nicht mehr detaillierte Vorschriften, Satzungen und

Gebote. Der Grundton ist Gnade, Liebe und Hoffnung; wir sind am inneren Menschen (an der Seele) gereinigt, wir sind neu geboren und leben in der Kraft des Heiligen Geistes.

Es geht um unseren ganzen Wandel, unsere Lebensführung, die aus dieser inneren geistlichen Erneuerung erwächst. Zudem verdienen wir uns die Errettung nicht durch die Heiligung, denn unser Heil beruht darauf, von Christus erkauft worden zu sein. Es ist also nicht, wie das Gesetz sagt:

„Und ihr sollt alle meine Anordnungen und alle meine Rechtsentscheide bewahren und sie tun, durch die ein Mensch leben wird, nachdem er sie getan hat. Ich bin der Herr euer Gott." (Leviticus 18,5).

Denn Jakobus stellt fest:

„Denn wer das ganze Gesetz hält, sich aber in einem verfehlt, der ist in allem schuldig geworden. Denn der, welcher gesagt hat: »Du sollst nicht ehebrechen!«, hat auch gesagt: »Du sollst nicht töten!« Wenn du nun zwar nicht die Ehe brichst, aber tötest, so bist du ein Übertreter des Gesetzes geworden." (Jakobus 2,10-11).

Darum sagt auch Paulus:

„Denn alle, die aus Werken des Gesetzes sind, die sind unter dem Fluch; denn es steht geschrieben: »Verflucht ist jeder, der nicht bleibt in allem, was im Buch des Gesetzes geschrieben steht, um es zu tun«. Dass aber durch das Gesetz niemand vor Gott gerechtfertigt wird, ist offenbar; denn »der Gerechte wird aus Glauben leben«. Das Gesetz aber ist nicht aus Glauben, sondern: »Der Mensch, der diese Dinge tut, wird durch sie leben«. Christus hat uns losgekauft von dem Fluch des Gesetzes." (Galater 3,10-13).

Heiligung im Neuen Bund geht also von völlig anderen Voraussetzungen aus als im Gesetzesbund. Wir sind nicht mehr unter dem Gesetz, und darum ist das Gesetz auch nicht mehr die Messlatte unserer Heiligung, schon gar nicht das Mittel unserer Rechtfertigung.

Heiligung im Alten Bund verfolgte das Ziel, Israel von allen anderen Völkern abzugrenzen. Der Blickpunkt ist also, es nicht so zu tun, wie diese – und da waren auch echte „Grausligkeiten" darunter. Der Wandel im Geist aber orientiert sich an Christus, daran Ihm nachzufolgen, der der vollkommene Mensch ist. Hier stehen andere Qualitäten im Zentrum:

„Ein neues Gebot gebe ich euch, dass ihr einander lieben sollt, damit, wie ich euch geliebt habe, auch ihr einander liebt. Daran wird jedermann erkennen, dass ihr meine Jünger seid, wenn ihr Liebe untereinander habt." (Johannes 13,34-35).

Unter den Regelungen des Alten Bundes sind Juden an den Quasten an ihren Gewändern erkennbar, daran, was sie essen und nicht essen, am Halten des Sabbats und vielem anderen. Die Liebe ist zwar Teil des Gesetzes – ja, die Summe des Gesetzes ist Liebe! – aber vor Augen stehen dennoch die Satzungen und Vorschriften. Es sind so viele davon, dass manche Leser in dem Auszug oben wohl das zweitwichtigste Gebot – *„Du sollst deinen Nächsten lieben wie dich selbst."* – übersehen haben. Es ist tatsächlich in dem ganzen Konvolut an Gesetzen enthalten, aber geradezu erdrückt von der Fülle der übrigen Vorgaben.

Der Neue Bund jedoch stellt die Liebe in den Mittelpunkt, und alles geht davon aus; diese Liebe ist das Kennzeichen. Petrus beschreibt deshalb die Heiligung anderswo in folgenden Schritten:

„Da seine göttliche Kraft uns alles geschenkt hat, was zum Leben und zum Wandel in Gottesfurcht dient, durch die Erkenntnis dessen, der uns berufen hat durch seine Herrlichkeit und Tugend, durch welche er uns die überaus großen und kostbaren Verheißungen gegeben hat, damit ihr durch dieselben göttlicher Natur teilhaftig werdet, nachdem ihr dem Verderben entflohen seid, das durch die Begierde in der Welt herrscht, so setzt eben deshalb allen Eifer daran und reicht in eurem Glauben die Tugend dar, in der Tugend aber die Erkenntnis, in der Erkenntnis aber die Selbstbeherrschung, in der Selbstbeherrschung aber das standhafte Ausharren, im

*standhaften Ausharren aber die Gottesfurcht, in der Gottesfurcht aber die Bruder-
liebe, in der Bruderliebe aber die Liebe."* (2. Petrus 1,3-7).

Die Voraussetzung ist dabei erneut die neue Geburt (die Teilhabe an der
göttlichen Natur), aus der alles kommt. Hier wird die Liebe Gottes in unser
Herz ausgegossen, und jeder Wachstumsschritt in der Heiligung zielt auf
die Verwirklichung der Liebe. Darum ist die Liebe die Erfüllung des
Gesetzes, wie Paulus schreibt:

*„Seid niemand etwas schuldig, außer dass ihr einander liebt; denn wer den anderen
liebt, hat das Gesetz erfüllt. Denn die Gebote: »Du sollst nicht ehebrechen, du sollst
nicht töten, du sollst nicht stehlen, du sollst nicht falsches Zeugnis ablegen, du
sollst nicht begehren« – und welches andere Gebot es noch gibt –, werden zusammengefasst in diesem Wort, nämlich: »Du sollst deinen Nächsten lieben wie dich
selbst!« Die Liebe tut dem Nächsten nichts Böses; so ist nun die Liebe die
Erfüllung des Gesetzes."* (Römer 13,8-10).

Es geht in der neutestamentlichen Heiligung auch nicht mehr so sehr
(obwohl auch) um die Absonderung vom Bösen um uns, sondern um die
Überwindung des Bösen in uns. Der Feind sind die Begierden des Fleisches. Hier spielt sich der geistliche Kampf ab:

*„So sind wir also, ihr Brüder, dem Fleisch nicht verpflichtet, gemäß dem Fleisch
zu leben! Denn wenn ihr gemäß dem Fleisch lebt, so müsst ihr sterben; wenn ihr
aber durch den Geist die Taten des Leibes tötet, so werdet ihr leben."* (Römer 8,12-
13).

Genau das ist der „Wandel im Geist", durch den die Rechtsforderungen
des Gesetzes erfüllt werden, und zwar dem Geist gemäß:

*„So gibt es jetzt keine Verdammnis mehr für die, welche in Christus Jesus sind, die
nicht gemäß dem Fleisch wandeln, sondern gemäß dem Geist. Denn das Gesetz des
Geistes des Lebens in Christus Jesus hat mich frei gemacht von dem Gesetz der
Sünde und des Todes. Denn was dem Gesetz unmöglich war – weil es durch das*

Fleisch kraftlos war –, das tat Gott, indem er seinen Sohn sandte in der gleichen Gestalt wie das Fleisch der Sünde und um der Sünde willen und die Sünde im Fleisch verurteilte, damit die vom Gesetz geforderte Gerechtigkeit in uns erfüllt würde, die wir nicht gemäß dem Fleisch wandeln, sondern gemäß dem Geist." (Römer 8,1-4).

Man kann das nicht genug betonen, weil es auch viele Christen gibt, die meinen, Heiligung bestehe in der genauen Einhaltung kirchlicher Regeln, Satzungen, Ordnungen und Gebote. Nein, es ist zuerst und zuletzt ein Überwinden der Fleischesnatur. Das aber ist dem Israel nach dem Fleisch nicht möglich, weshalb das Gesetz aufgrund der uns innewohnenden Sünde kraftlos bleiben musste. Nun aber sind wir nicht mehr unter der Sünde, dafür aber unter dem Neuen Bund und einem besseren Gesetz, welches Jakobus mit einem besonders schönen Begriff bezeichnet:

„Wenn ihr das königliche Gesetz erfüllt nach dem Schriftwort: »Du sollst deinen Nächsten lieben wie dich selbst!«, so handelt ihr recht; ... Redet und handelt als solche, die durch das Gesetz der Freiheit gerichtet werden sollen! Denn das Gericht wird unbarmherzig ergehen über den, der keine Barmherzigkeit geübt hat; die Barmherzigkeit aber triumphiert über das Gericht." (Jakobus 2,8.12-13).

Das Einzige, was Gott wirklich ernsthaft fordert, ist dass wir anderen mit derselben Barmherzigkeit begegnen, mit der Er uns errettet hat. Darum ist die Liebe das höchste Gebot. Johannes betont:

„Wer nicht liebt, der hat Gott nicht erkannt; denn Gott ist Liebe." (1. Johannes 4,8).

Die Absonderung von der Welt um uns ist vor allem deshalb wichtig, weil die Welt mit unserer Fleischesnatur übereinstimmt und diese befeuert. Wer nicht von neuem geboren ist, lebt nach dem Fleisch unter dem Gesetz der Sünde; wenn wir uns von der Welt trennen sollen, dann nicht, um uns von den Menschen zu trennen, die wir durch das Evangelium erreichen sollen, sondern indem wir nicht länger leben wie sie.

„Das sage und bezeuge ich nun im Herrn, dass ihr nicht mehr so wandeln sollt, wie die übrigen Heiden wandeln in der Nichtigkeit ihres Sinnes, deren Verstand verfinstert ist und die entfremdet sind dem Leben Gottes, wegen der Unwissenheit, die in ihnen ist, wegen der Verhärtung ihres Herzens; die, nachdem sie alles Empfinden verloren haben, sich der Zügellosigkeit ergeben haben, um jede Art von Unreinheit zu verüben mit unersättlicher Gier.

Ihr aber habt Christus nicht so kennengelernt; wenn ihr wirklich auf Ihn gehört habt und in ihm gelehrt worden seid – wie es auch Wahrheit ist in Jesus –, dass ihr, was den früheren Wandel betrifft, den alten Menschen abgelegt habt, der sich wegen der betrügerischen Begierden verderbte, dagegen erneuert werdet im Geist eurer Gesinnung und den neuen Menschen angezogen habt, der Gott entsprechend geschaffen ist in wahrhafter Gerechtigkeit und Heiligkeit." (Epheser 4,16-24).

Wir sollen uns an der Welt also kein Beispiel mehr nehmen und keinen Gefallen an der Lebensweise der Sünder finden, die noch in der Knechtschaft der Sünde festsitzen. Doch die Abneigung zur Lebensweise der Welt dürfen wir nicht von der Liebe Gottes trennen – wir können nicht beide lieben: den Vater und die Welt, weil deren Charakter völlig unvereinbar ist

„Habt nicht lieb die Welt, noch was in der Welt ist! Wenn jemand die Welt lieb hat, so ist die Liebe des Vaters nicht in ihm. Denn alles, was in der Welt ist, die Fleischeslust, die Augenlust und der Hochmut des Lebens, ist nicht von dem Vater, sondern von der Welt. Und die Welt vergeht und ihre Lust; wer aber den Willen Gottes tut, der bleibt in Ewigkeit." (1. Johannes 2,15-17).

Gleichzeitig sollen wir den Sündern selbst, den Menschen, zugewandt bleiben, wie auch unser Herr es war. Die Pharisäer grenzten sich von den Sündern ab, vermieden jeden Umgang mit ihnen, um durch sie nicht selbst verunreinigt zu werden. Der Herr aß und trank mit den Sündern, ohne von diesen befleckt zu werden, denn er unterschied zwischen dem Sünder und dessen Sünden; und das lehrte Er auch uns zu tun.

Die Heiligung im Alten Bund fokussiert auf eine lange Liste von Geboten, die in ihrer Summe eine heillose Überforderung darstellen. Sie wenigstens im Ansatz zu halten, erfordert weder Glauben noch Liebe, sondern Einsatz, Konsequenz, Eifer, Disziplin und Ausdauer … bis man schlapp macht. Die Heiligung im Neuen Bund ist jedoch das Ausleben der Liebe, die durch Gottes Geist in unsere Herzen ausgegossen worden ist, weshalb sie unglaublich leicht ist:

„Denn das ist die Liebe zu Gott, dass wir seine Gebote halten; und seine Gebote sind nicht schwer. Denn alles, was aus Gott geboren ist, überwindet die Welt; und unser Glaube ist der Sieg, der die Welt überwunden hat." (1. Johannes 5,3-4).

Das Gesetz ist *„ein Joch …, das weder unsere Väter noch wir tragen konnten"* (Apostelgeschichte 15,10), der Herr jedoch sagt:

„Nehmt auf euch mein Joch und lernt von mir, denn ich bin sanftmütig und von Herzen demütig; so werdet ihr Ruhe finden für eure Seelen! Denn mein Joch ist sanft und meine Last ist leicht." (Matthäus 11,29-30).

Es gibt Gebote im Neuen Testament. Die Bergpredigt enthält einige davon, und sie scheinen auf den ersten Blick unmenschlich schwierig. Doch das Geheimnis sind die neue Geburt, das Leben in der Kraft des Geistes und die Liebe. Nicht zu vergessen: der Glaube.

- Es setzt Glauben voraus, dem Mammon abzusagen und den Besitz zu teilen.
- Es setzt Glauben, Liebe und den Heiligen Geist voraus, in einer schwierigen Ehe treu zu bleiben, oder nach einer Scheidung ledig zu bleiben und auf Versöhnung zu hoffen.
- Es ist ein Ausdruck der Liebe, durch aufreizende Kleidung nicht anderen zum Fallstrick werden zu wollen.
- Wir brauchen Glauben und Liebe, um unverbrüchlich zur Wahrheit zu stehen und ein gegebenes Wort zu halten.

- Es braucht Glauben, die Feinde zu lieben, auch wenn es einem das Leben kostet.
- Es braucht Demut und Geduld und sehr viel Liebe, andere nicht zu verurteilen.
- Es braucht ein tiefes Bewusstsein der Liebe Gottes, anderen zu vergeben, wie Er uns vergeben hat.

Dies und vieles mehr sind Gebote, die wir zu halten haben – nicht um errettet zu werden, sondern weil wir Christus angezogen haben. Ist das schwer? Nein, in der Liebe ist es ganz einfach. Im Fleisch jedoch, wenn wir Heiligung so angehen wie im Alten Bund, werden wir kläglichst daran scheitern. Darum ist es das Wichtigste im Leben der Nachfolge, dieses Leben aus dem Geist zu lernen.

Was das Gesetz jedoch hochgehalten hat, betrifft uns nicht, weil wir nicht mehr unter dem Gesetz sind. Was sagt der Hebräerbrief zu den Speisegeboten, welche den Juden so wichtig sind?

„Es ist gut, dass das Herz fest wird, was durch Gnade geschieht, nicht durch Speisen, von denen die keinen Nutzen hatten, die mit ihnen umgingen." (Hebräer 13,9).

Darum unterschied sich das Leben der Christen nicht so sehr im Äußeren, sondern in dieser Liebe, wie Matthetes (150 n.Chr.) in seinem Brief an Diognet schrieb:

„Denn die Christen sind weder durch Heimat noch durch Sprache und Sitten von den übrigen Menschen verschieden. Sie bewohnen nirgendwo eigene Städte, bedienen sich keiner abweichenden Sprache und führen auch kein absonderliches Leben. Keineswegs durch einen Einfall oder durch den Scharfsinn vorwitziger Menschen ist diese ihre Lehre aufgebracht worden und sie vertreten auch keine menschliche Schulweisheit wie andere.

Sie bewohnen Städte von Griechen und Nichtgriechen, wie es einem jeden das Schicksal beschieden hat, und fügen sich der Landessitte in Kleidung [allerdings schlicht und sittsam], Nahrung und in der sonstigen Lebensart, legen aber dabei einen wunderbaren und anerkanntermaßen überraschenden Wandel in ihrem bürgerlichen Leben an den Tag. Sie bewohnen jeder sein Vaterland, aber nur wie Beisassen; sie beteiligen sich an allem wie Bürger und lassen sich alles gefallen wie Fremde; jede Fremde ist ihnen Vaterland und jedes Vaterland eine Fremde.

Sie heiraten wie alle andern und zeugen Kinder, setzen aber die geborenen nicht aus. Sie haben gemeinsamen Tisch, aber kein gemeinsames Lager. Sie sind im Fleische, leben aber nicht nach dem Fleische. Sie weilen auf Erden, aber ihr Wandel ist im Himmel. Sie gehorchen den bestehenden Gesetzen und überbieten in ihrem Lebenswandel die Gesetze.

Sie lieben alle und werden von allen verfolgt. Man kennt sie nicht und verurteilt sie doch, man tötet sie und bringt sie dadurch zum Leben, Sie sind arm und machen viele reich; sie leiden Mangel an allem und haben doch auch wieder an allem Überfluss, Sie werden missachtet und in der Missachtung verherrlicht; sie werden geschmäht und doch als gerecht befunden. Sie werden gekränkt und segnen, werden verspottet und erweisen Ehre. Sie tun Gutes und werden wie Übeltäter gestraft; mit dem Tode bestraft, freuen sie sich, als würden sie zum Leben erweckt. Von den Juden werden sie angefeindet wie Fremde, und von den Griechen werden sie verfolgt; aber einen Grund für ihre Feindschaft vermögen die Hasser nicht anzugeben." (Diognetbrief 5).

Nichts davon wirkt in irgendeiner Weise verkrampft oder aufgesetzt – es ist das Ergebnis eines lebendigen Glaubens. So schaut der Neue Bund im täglichen Leben aus. Es gibt kein freudenreicheres Leben!

Was gilt noch buchstäblich?

Wenn der Alte Gesetzesbund obsolet ist, sind damit ausnahmslos alle darin enthaltenen Gebote belanglos geworden? Die Frage ist wichtig und auch nicht so einfach in einem Satz zu beantworten. Die meistgehörte Unterscheidung ist die zwischen „Zeremonialgesetz" und „Moralgesetz". Thomas Schirrmacher etwa schreibt in einem Beitrag des Bibelbundes:

„Man kann meines Erachtens bei aller gebotenen Vorsicht im Alten Testament mit vielen Kirchenvätern, den Reformatoren und späteren reformatorischen Theologen zwischen dem Moralgesetz, das in den Zehn Geboten in Kurzform vorliegt und dem Zeremonialgesetz, das die Opfer-, Reinigungs- und Speisevorschriften usw. ebenso wie die Beschneidung umfasst, unterscheiden. (Man müsste als dritte Kategorie noch das sogenannte Judizialgesetz, also die Gebote für die politische Ordnung, besprechen, aber ich lasse dieses Problem der Einfachheit halber im Moment außen vor.) ...

Der Geist Gottes erfüllt seine eigenen Forderungen in uns! Das Zeremonialgesetz galt dagegen für Israel und „erfüllt" sich in Jesus Christus so, dass es nicht mehr vollzogen werden muss, weil es in Christus ein für alle Mal vollzogen wurde, wie uns vor allem der Hebräerbrief deutlich macht. ...

Es war kein Selbstzweck, sondern erfüllte seinen Zweck dann, wenn es zum wahren Gottesdienst und zum Halten des Moralgesetzes, eben der Gebote Gottes, führte, die der Inbegriff der Heiligkeit Gottes waren."[39]

Unter dieser Prämisse verfasste der bekannte Theologe eine umfangreiche zweibändige christliche Ethik, doch meines Erachtens ist diese Prämisse unzureichend, da die Unterscheidung innerhalb des Gesetzes viel zu grob gefasst wird. Im Folgenden will ich also zeigen, dass es da sehr viel mehr

---

[39] https://bibelbund.de/2015/04/altes-testament-und-christliche-ethik/

Aspekte gibt, und obwohl es anfangs vielleicht kompliziert erscheint, ist es letztlich ziemlich einfach.

Der Bund mit Noah gilt nach wie vor allen Nationen (Genesis 8+9), und da dieser ein paar Grundregeln für das Leben auf dieser Erde zwischen der Sintflut und dem letzten Gericht beinhaltet, gilt dieser Bund auch uns, denn wir leben auf dieser Erde. Dazu gehören:

- Verehrung des einen Gottes (Noahs Opfer; erfüllt durch das Opfer Christi).
- Die allgemeine Speise*freiheit* (wir dürfen alles essen; ausdrücklich bekräftigt im Neuen Testament).
- Das allgemeine Blutverbot (Wir dürfen das Blut der geschlachteten Tiere nicht essen oder trinken, wodurch einige „Spezialitäten" wie Blutwurst tatsächlich verboten sind und bleiben. Bestätigt durch das Apostelkonzil)
- Das Prinzip menschlicher Gerichtsbarkeit (das wir auch in Römer 13 noch bestätigt sehen).

Die Elemente des Noahbundes wurden auch im Gesetzesbund aufgegriffen und zum Teil erweitert. Während der ursprüngliche Noahbund noch in Kraft ist, sind es die Erweiterungen durch das Gesetz nicht mehr.

Weiters hat jeder Mensch seit dem Sündenfall ein Grundwissen über Gut und Böse, wie Gott ausdrücklich festgestellt hat:

„Und Gott sagte: Siehe, Adam ist wie einer von uns geworden darin, Gut und Böse zu erkennen." (Genesis 3,22).

Aufgrund dieses Wissens ist jeder Mensch vor Gott für sein Tun verantwortlich. Darum konnte der Herr Kain auch direkt darauf ansprechen:

„Und Gott blickte auf Abel und auf seine Gaben; auf Kain aber und auf seine Opfer achtete er nicht. Und er betrübte Kain sehr und das Angesicht fiel ein. Und Gott der Herr sprach zu Kain: Warum wurdest du so übermäßig betrübt und warum

fiel dein Angesicht ein? Nicht wahr, wenn man richtig darbringt, aber nicht richtig teilt, sündigt man doch?" (Genesis 4,4-7).

Dieses *„nicht wahr"* zeigt, dass Kain es eigentlich gewusst hat und gegen seine Erkenntnis von Gut und Böse handelte. Vieles nun im Gesetzesbund hat mit diesem Grundwissen zu tun, über welches jeder Mensch auch außerhalb dieses Bundes verfügt, weshalb es weltweit ähnliche Gesetze gibt.

- Du sollst nicht stehlen.
- Du sollst wahrhaftig sein.
- Du sollst nicht morden.
- Du sollst nicht ehebrechen.
- Du sollst Vater und Mutter ehren.
- Und noch anderes …

Gebote dieser Art sind jedem Menschen bewusst, sogar die „Goldene Regel", die man auf der ganzen Welt findet und jedem Menschen klar ist. So lesen wir z.B. im Buch Tobit:

„Und was du verabscheust, tue keinem anderen an." (Tobit 4,15).

Christus hingegen formuliert diesen Grundsatz positiv, wodurch Er ihn erweitert, wie auch das übrige „Moralgesetz"; Er sieht dies als die Essenz des Willens Gottes, der auch dem Gesetzesbund zugrunde liegt:

„Alles nun, was ihr wollt, dass die Leute euch tun sollen, das tut auch ihr ihnen ebenso; denn dies ist das Gesetz und die Propheten." (Matthäus 7,12).

Andererseits gibt es Gesetze, welche wir in den vorigen Kapiteln bereits als zeichenhaft erkannt haben.

- Alles, was die Opfer betrifft, ist zeichenhaft.
- Das Gesetz für die Priester ist zeichenhaft.

- Die Verordnungen zum Tempel und all seine Geräte sind zeichenhaft.
- Der Sabbat ist zeichenhaft.
- Die Feste sind zeichenhaft.
- Und noch anderes …

Andere Gesetze dienen zur Veranschaulichung wesentlicher Grundsätze, wie die Unterscheidung von rein und unrein. Dazu gehören vor allem:

- Die Speisegebote.
- Die Waschungen.
- Die Gesetze vom Aussatz.
- Die Gesetze von den Körperausflüssen.
- Und noch anderes …

Den Priestern ist aufgetragen, das Volk diesbezüglich zu unterweisen. Dabei sollten sie ausdrücklich nüchtern sein (da gab es bei den Söhnen Aarons einen unguten Vorfall):

„Wein und Sikera-Rauschgetränk sollt ihr nicht trinken, du und deine Söhne mit dir, wann immer ihr in das Zelt des Zeugnisses hineingeht oder euch der Opferstätte nähert, und dann werdet ihr gewiss nicht sterben – eine ewige Regel für eure Generationen, um zu unterscheiden zwischen den heiligen und den profanen Dingen sowie zwischen den unreinen und den reinen Dingen. Und du sollst die Kinder Israels alle Regeln lehren, die der Herr zu ihnen durch Vermittlung des Moses gesagt hat." (Leviticus 10,9-11).

Durch Hesekiel schärft der Herr den Priestern ein:

„Und mein Volk sollen sie lehren, zwischen heilig und profan zu unterscheiden, und zwischen unrein und rein sollen sie sie den Unterschied wissen lassen." (Hesekiel 44,23).

Dies tun sie anhand der verschiedenen Reinheitsgebote, die aber „pädagogisch" zu verstehen sind, denn der Sitz und die Quelle der Unreinheit ist das Herz, nicht das, was von außen in den Menschen eingeht (Markus 7,15). Gerade an den Speisegeboten lässt sich das gut illustrieren, denn sogar der Hohepriester Eleazar, der die 72 Schriftgelehrten beauftragte, um 250 v.Chr. die Schriften ins Griechische zu übersetzen (LXX), wusste um die symbolische Bedeutung der Speisegebote:

„Verfalle ja nicht auf die längst aufgegebene Ansicht, Moses habe aus Rücksicht auf Mäuse, Wiesel oder ähnliches Getier diese Gesetze gegeben! Vielmehr wurden diese heiligen Gebote nur zum Zweck der Gerechtigkeit erlassen, um fromme Gedanken zu wecken und den Charakter zu bilden.

Denn die Vögel, die wir essen, sind alle zahm und zeichnen sich durch Reinheit aus, weil sie Weizen und Hülsenfrüchte zur Nahrung nehmen wie Tauben, Turteltauben, Hühner, Rebhühner, Gänse und die übrigen dieser Art.

Die verbotenen Vögel aber sind, wie du finden wirst, wild und fleischfressend: sie vergewaltigen durch ihre Stärke die übrigen und nähren sich dadurch, dass sie in frevlerischer Weise die ebengenannten zahmen Vögel fressen. Und nicht allein diese, sondern auch Lämmer und junge Ziegen rauben sie und fallen selbst Menschen an, Tote und Lebende.

Indem er sie als unrein bezeichnete, deutete er an, dass die Besitzer des Gesetzes in ihrer Seele Gerechtigkeit pflegen und niemanden, im Vertrauen auf ihre Stärke, vergewaltigen noch ihm etwas wegnehmen sollten; vielmehr hätten sie in Gerechtigkeit ihr Leben zu führen, wie die eben genannten zahmen Vögel die auf dem Boden wachsenden Hülsenfrüchte verzehren und nicht zur Vernichtung der schwächeren oder verwandten Wesen Gewalt ausüben." (Aristeasbrief 144-147).[40]

In derselben Weise wurden auch unter den frühen Christen die Speisegebote verstanden:

---

[40] https://de.wikisource.org/wiki/Brief_des_Aristeas

„Wenn aber Moses gesagt hat: „Ihr sollet das Schwein nicht essen, noch Adler, noch Habicht, noch Raben, noch einen Fisch, der keine Schuppen an sich hat", so hat er damit in geistigem Sinne drei Lehren gegeben. Ferner sagt er ihnen im Deuteronomium: „Und ich werde diesem Volke meine Satzungen darlegen". Es ist also nicht ein wirkliches Gebot Gottes, nicht zu essen, Moses hat vielmehr im geistigen Sinn gesprochen. …

Wiederum sagt Moses: „Essen dürft ihr alle Zweihufer und Wiederkäuer". Was bedeutet dies? Weil diese Tiere, wenn sie ihr Futter bekommen, ihren Ernährer kennen, und wenn sie aufhören zu fressen, sich über ihn zu freuen scheinen. Trefflich hat er also gesprochen mit Rücksicht auf das Gebot. Was sagt er nun? Verkehret mit den Gottesfürchtigen, mit denen, die nachdenken in ihren Herzen über die Bestimmung des Gesetzes, die sie empfangen haben; mit denen, die sprechen über die Satzungen des Herrn und sie beobachten, die wissen, dass das Nachsinnen ist ein Werk der Freude und die das Wort des Herrn sozusagen wiederkäuen. Was bedeutet aber „Zweihufer"? Dass der Gerechte sowohl auf dieser Welt wandelt als auch die selige Ewigkeit erwartet. Ihr sehet, wie trefflich Moses seine Gesetze gegeben hat." (Barnabas 10,1-2.11).

Natürlich spielt bei diesen Interpretationen auch die „Phantasie" eine gewisse Rolle, aber sie sind die Frucht des Nachdenkens. Warum gerade dieses Tier und jenes nicht? Wenn man das in einer Bibelrunde bespricht, würden wohl verschiedene Merkmale dieser Tiere besprochen werden, die in Bezug zu menschlichen Handlungen oder deren Gesinnung stehen. Darin waren sich gesetzestreue Juden und die frühen Christen sogar einig, dass es nicht um eine buchstäbliche Auslegung der Gesetze geht.

Es war wohl eine Besonderheit der pharisäischen Richtung, die das Gesetz des Moses wie ein juristisches Werk las und wie Winkeladvokaten zur Anwendung bringen wollten, stets auf der Suche nach Schlupflöchern bei gleichzeitiger Wahrung des Anscheins, das Gesetz besonders treu zu halten. Diese besondere Strömung im Judentum hat sich ins rabbinische Talmudjudentum gerettet, ist aber keineswegs repräsentativ für die meisten Juden zur Zeit Jesu gewesen.

Neben den zeichenhaften und pädagogischen Gesetzen gibt es auch solche, die sich auf das Land und das Zusammenleben in der irdischen Theokratie Israels beziehen. Dazu gehören:

- Die Grenzen und die Landzuteilung.
- Sabbat- und Jubeljahr.
- Die Gesetze, das Land nicht ganz abzuernten.
- Die „Sozialgesetzgebung".
- Wie man Fremde (Zugereiste) behandeln soll.
- Die Verordnungen rund um die Levitenstädte.
- Alles, was die Gerichtsbarkeit betrifft.
- Und noch anderes …

All das ist untrennbar mit der Existenz des Königreichs Israels verbunden und nur im Rahmen dessen anwendbar und gültig. Dieses Reich war aber stets vorläufig, denn das Königreich Gottes unter der Herrschaft Jesu Christi basiert auf den Grundsätzen des Neuen Bundes und den Rahmenbedingungen, die in der *„Wiederherstellung aller Dinge"* (Apostelgeschichte 3,21) herrschen werden.

Zuletzt gibt es Gesetze, die sich aus der Schöpfung herleiten:

- Die Einsetzung und Heiligkeit der Ehe. Dass unter Moses Scheidung und Wiederheirat erlaubt war, war dabei lediglich ein Zugeständnis um der harten Herzen willen. Unser Herr Jesus macht klar, dass dieses Zugeständnis unter den neuen und besseren Voraussetzungen des Neuen Bundes nicht mehr gilt (Matthäus 19,3-9).
- Dass man jungfräulich in die Ehe gehen soll (Exodus 22,15-16). Der Brautpreis hingegen ist im Rahmen der sozialen Strukturen zu verstehen; teils wird bis heute in manchen Kulturen ein Brautpreis

entrichtet. Die Jungfräulichkeit (bes. das Hymen) ist ja ein „Schöpfungsmysterium", das in fast allen Kulturen in Ehren gehalten wurde.

- Dass Gott nur zwei Geschlechter kennt: männlich und weiblich.
- Dass Männer mit Männern und Frauen mit Frauen nicht schlafen dürfen, was einen unfruchtbaren Missbrauch des Sexualtriebes darstellt.
- Dass Männer und Frauen klar unterscheidbar bleiben sollen, indem etwa Männer keine Frauenkleider tragen und umgekehrt (Deuteronomium 22,5), oder dass Männer einen Bart tragen sollen (Leviticus 19,27).
- Das Verbot sich zu ritzen und zu tätowieren, fällt ebenso in diese Kategorie, weil es einer Selbstschädigung und Verunstaltung gleichkommt (Leviticus 19,28).
- Und noch anderes …

Zu manchem davon sagt Gott ausdrücklich, dass eine Übertretung dieser Grundsätze ein Gräuel (Ekel) für Ihn ist, etwa die homosexuellen Praktiken, oder dass Männer Frauenkleider tragen und umgekehrt.

Es ist also keineswegs richtig, die ganzen Bücher des Moses für immer zu schließen, als gingen sie uns nichts mehr an. Wir müssen aber unterscheiden zwischen:

- Geboten, die sich aus der Schöpfung herleiten und zumeist ganz natürlich nachvollziehbar sind.
- den allgemeinen Prinzipien von Gut und Böse, den „moralischen Gesetzen", welche in Christus aber erweitert werden, indem die Gesinnung des Herzens beleuchtet wird.
- den noch gültigen Verordnungen des Noahbundes.
- den zeichenhaften Geboten.
- den pädagogischen Vorschriften.

- den Verordnungen, die das Leben unter der Königsherrschaft des Hauses Davids betreffen.

Die obigen Listen dazu sind freilich beispielhaft und nicht vollständig, sondern sollen nur die Richtung angeben, wie man das Gesetz lesen soll.

Alles im Gesetz ist von bleibendem Wert, jedoch keineswegs alles gemäß dem Buchstaben. Was in Christus erfüllt worden ist, hat ja nicht aufgehört, sondern ist vollendet worden und ans Ziel gekommen. Vieles dient uns zur Veranschaulichung und Vertiefung, einiges gilt nach wie vor gemäß dem Wortlaut, und anderes ist im Neuen Bund deutlich erweitert, weil es nicht mehr bloß um den äußeren Gehorsam geht, sondern um unser Herz. Darum kann Paulus, der nachdrücklich lehrt, wir seien nicht mehr unter dem Gesetz, auch schreiben:

„Du aber bleibe in dem, was du gelernt hast und was dir zur Gewissheit geworden ist, da du weißt, von wem du es gelernt hast, und weil du von Kindheit an die heiligen Schriften kennst [und das sind eben die Schriften des Alten Bundes!], welche die Kraft haben, dich weise zu machen zur Errettung durch den Glauben, der in Christus Jesus ist.

Alle Schrift ist von Gott eingegeben und nützlich zur Belehrung, zur Überführung, zur Zurechtweisung, zur Erziehung in der Gerechtigkeit, damit der Mensch Gottes ganz zubereitet sei, zu jedem guten Werk völlig ausgerüstet.“ (2. Timotheus 3,14-17).

Wir sollen das ganze Wort Gottes gründlich studieren und erwägen. Viele Christen haben so etwas wie „Angst" vor dem „Alten Testament" und meiden es, weil es sie verwirrt. Ich hoffe, diese Seiten haben etwas Klarheit gebracht und regen an, sich auf diese Schriften vertieft und unter der Anleitung der Apostel einzulassen.

Das Gesetz gesetzmäßig gebrauchen

Unsere Bibeln beginnen mit den fünf Büchern des Moses, auch „*das Gesetz*" (Torah) genannt. Sie bilden die Basis und den Ausgangspunkt unserer Heiligen Schriften:

- Das Fundament ist das Gesetz.
- Die Propheten fordern Treue gegenüber dem Gesetz ein, prangern die Heuchelei an, weisen aber zugleich darüber hinaus auf Christus und den Neuen Bund.
- Die Weisheitsliteratur besteht aus Betrachtungen, Anwendungen, Lebensweisheiten und Lobliedern auf Basis all dieser Schriften, sowie viele weitere Prophetien auf Christus.
- Die Evangelien und die Schriften der Apostel zeigen die Erfüllung all dessen im Neuen Bund, die neue Geburt und die Transformation Israels in ein geistliches Gottesvolk.

All das ist für uns unverzichtbar, aber – wie wir in den letzten Kapiteln gesehen haben – gibt es einen richtigen und einen falschen Gebrauch dieser Schriften, einen „gesetzlichen" und einen „gesetzmäßigen" Umgang mit dem Wort Gottes. Paulus schreibt:

„Wir wissen aber, dass das Gesetz gut ist, wenn man es gesetzmäßig anwendet und berücksichtigt, dass einem Gerechten kein Gesetz auferlegt ist, sondern Gesetzlosen und Widerspenstigen, Gottlosen und Sündern, Unheiligen und Gemeinen, solchen, die Vater und Mutter misshandeln, Menschen töten, Unzüchtigen, Knabenschändern, Menschenräubern, Lügnern, Meineidigen und was sonst der gesunden Lehre widerspricht, nach dem Evangelium der Herrlichkeit des glückseligen Gottes, das mir anvertraut worden ist." (1. Timotheus 1,8-11).

Wir sollen das Gesetz also nicht so lesen, als wären wir selbst noch unter dem Gesetz. Es ist nicht für die gegeben, die bereits durch den Glauben an das Evangelium von Jesus Christus gerechtfertigt worden sind, sondern Sündern aller Art zur Überführung und zur Hinführung zum Evangelium. So gebraucht ist das Gesetz recht gebraucht.

Der falsche Gebrauch besteht darin, Gläubigen des Neuen Bundes wiederum die Satzungen des Alten Bundes aufzuerlegen.

„Ich habe dich ja bei meiner Abreise nach Mazedonien ermahnt, in Ephesus zu bleiben, dass du gewissen Leuten gebietest, keine fremden Lehren zu verbreiten und sich auch nicht mit Legenden und endlosen Geschlechtsregistern zu beschäftigen, die mehr Streitfragen hervorbringen als göttliche Erbauung im Glauben; das Endziel des Gebotes aber ist Liebe aus reinem Herzen und gutem Gewissen und ungeheucheltem Glauben.

Davon sind einige abgeirrt und haben sich unnützem Geschwätz zugewandt; sie wollen Lehrer des Gesetzes sein und verstehen doch nicht, was sie verkünden und als gewiss hinstellen." (1.Timotheus 1,3-7).

Diese „gewissen Leute" sind jene gesetzlichen Irrlehrer, die uns bereits in Apostelgeschichte 15 und Galater 2 begegnet sind. Sie und ihre Mitstreiter haben nicht aufgehört, die Gläubigen zu verwirren und vom Endziel des Gesetzes abzulenken, nämlich von der Liebe, die einem reinen Herzen, einem guten Gewissen und einem ungeheuchelten Glauben entspringt. Genau das kann das Gesetz nicht hervorbringen. Im Gegenteil, es führt geradewegs zur Heuchelei, wie es besonders an den Pharisäern deutlich wurde! Paulus zeigt hier wenig Geduld mit diesen Irrlehrern, denn er hat sich jahrelang mit ihnen herumschlagen müssen, ohne dass diese sich etwas sagen ließen:

„Denn es gibt viele widerspenstige und leere Schwätzer und Verführer, besonders die aus der Beschneidung. Denen muss man den Mund stopfen, denn sie bringen ganze Häuser durcheinander mit ihrem ungehörigen Lehren um schändlichen Gewinnes willen." (Titus 1,10-11).

Und weiter:

„Den Reinen ist alles rein; den Befleckten aber und Ungläubigen ist nichts rein,
sondern sowohl ihre Gesinnung als auch ihr Gewissen sind befleckt. Sie geben vor,
Gott zu kennen, aber mit den Werken verleugnen sie ihn, da sie verabscheuungs-
würdig und ungehorsam und zu jedem guten Werk untüchtig sind." (Titus 1,15-
16).

Gegen Ende seines Dienstes war für Paulus alles gesagt, was gesagt werden
musste, und seine Briefe enthalten alles Wesentliche, um diese Streitfragen
ein für alle Mal zu entscheiden. Das Gesetz ist gut zur Überführung von
der Sünde, nicht aber zur Rechtfertigung und Reinigung von der Sünde.

„Als aber die Freundlichkeit und Menschenliebe Gottes, unseres Retters, erschien,
da hat er uns – nicht um der Werke der Gerechtigkeit willen [nach dem Gesetz],
die wir getan hätten, sondern aufgrund seiner Barmherzigkeit – errettet durch das
Bad der Wiedergeburt und durch die Erneuerung des Heiligen Geistes, den er
reichlich über uns ausgegossen hat durch Jesus Christus, unseren Retter, damit
wir, durch seine Gnade gerechtfertigt, der Hoffnung gemäß Erben des ewigen
Lebens würden." (Titus 3,4-7).

Was uns durch Gnade geschenkt wurde, muss auch durch Gnade bewahrt
werden. Wir können das Werk der Gnade nicht durch die Werke des
Gesetzes weiterführen. Das wäre, wie wenn ein ausgebildeter Pilot weiterhin nur im Flugsimulator sitzt und nie abhebt. Wie absurd wäre das?

„Das allein will ich von euch erfahren: Habt ihr den Geist durch Werke des
Gesetzes empfangen oder durch die Verkündigung vom Glauben? Seid ihr so
unverständig? Im Geist habt ihr angefangen und wollt es nun im Fleisch
vollenden?" (Galater 3,2-3).

Der rechte Gebrauch des Gesetzes liegt also in der Überführung von der
Sünde, der Hinführung zum Neuen Bund, zu Christus und zur Neuen
Geburt, wodurch wir dem Gesetz gestorben sind. Das Neue Leben gründet

auf völlig anderen Voraussetzungen als das alte und kann deshalb auch nicht unter den Regeln des Alten Bundes gelebt werden.

„Denn wenn ich das, was ich niedergerissen habe, wieder aufbaue, so stelle ich mich selbst als Übertreter hin. Nun bin ich aber durch das Gesetz dem Gesetz gestorben, um für Gott zu leben.

Ich bin mit Christus gekreuzigt; und nun lebe ich, aber nicht mehr ich selbst, sondern Christus lebt in mir. Was ich aber jetzt im Fleisch lebe, das lebe ich im Glauben an den Sohn Gottes, der mich geliebt und sich selbst für mich hingegeben hat. Ich verwerfe die Gnade Gottes nicht; denn wenn durch das Gesetz Gerechtigkeit kommt, so ist Christus vergeblich gestorben." (Galater 2,18-21).

Sichtlich genervt beendet Paulus den Brief:

„Hinfort mache mir niemand weitere Mühe; denn ich trage die Malzeichen des Herrn Jesus an meinem Leib." (Galater 6,17).

Aber er musste sich noch viele Jahre damit befassen, und wie ich selbst aus leidvoller Erfahrung weiß, sind solche Diskussionen alles andere als erfreulich oder erbauend, sie können geradezu zermürbend sein. Und doch meine ich, dass im Zuge solcher Streitgespräche die gesunden Überzeugungen auch gefestigt werden können. Wenn man solche Kontroversen nicht unbedingt dazu nützt, auf Biegen und Brechen Recht behalten zu wollen, sondern einen neuen und tieferen Blick auf die Schriften zu werfen, können sie daher durchaus gewinnbringend sein. Wenn es nur um das Rechthaben geht, fällt man leicht auf der anderen Seite vom Pferd.

Es gibt auch einen falschen, gesetzlichen Umgang mit den Geboten des Neuen Bundes, deren es in den Evangelien und den Briefen ja einige gibt. Man kann diese nämlich in derselben Weise zu befolgen suchen, wie die Gebote des Gesetzesbundes, nämlich um gerechtfertigt oder gerettet zu werden. Damit fallen wir zurück in dieselbe Knechtschaft und Furcht, aus der das Evangelium uns befreit hat, da es unerheblich ist, welche Normen wir festlegen, gemäß derer wir meinen, das Heil zu erlangen. Die Rechtfertigung kommt nämlich stets durch den Glauben, und dieses Prinzip ist ein ewiges Prinzip. Es galt bereits bei Abel:

„Durch Glauben brachte Abel Gott ein besseres Opfer dar als Kain; durch ihn erhielt er das Zeugnis, dass er gerecht sei, indem Gott über seine Gaben Zeugnis ablegte, und durch ihn redet er noch, obwohl er gestorben ist." (Hebräer 11,4).

Und so war es auch bei allen Heiligen des Alten Bundes. Niemand von ihnen wurde durch den Gesetzesgehorsam gerechtfertigt. Sie alle wurden durch den Glauben gerecht gesprochen; dieser Glaube ist freilich nicht untätig oder passiv, sondern handelt entsprechend dem Wort.

„Durch Glauben baute Noah, als er eine göttliche Weisung empfangen hatte über die Dinge, die man noch nicht sah, von Gottesfurcht bewegt eine Arche zur Rettung seines Hauses; durch ihn verurteilte er die Welt und wurde ein Erbe der Gerechtigkeit aufgrund des Glaubens." (Hebräer 11,7).

Noahs Gehorsam bezog sich aber nicht auf das mosaische Gesetz, sondern auf den Bau der Arche, zu dem Gott ihn persönlich beauftragt hatte. Gehorsam ist *immer* ein Aspekt des rettenden Glaubens, da der Glaube bekennt, dass Jesus Herr ist; und damit ist Er unser Gebieter, dem wir folgen, weil wir bereits zu Ihm gehören, und weil wir Ihn lieben. Um diesen Glauben geht es, nicht um ein Lippenbekenntnis. Solch einen Glauben sucht Gott:

„Ohne Glauben aber ist es unmöglich, ihm wohlzugefallen; denn wer zu Gott kommt, muss glauben, dass er ist, und dass er die belohnen wird, welche ihn suchen." (Hebräer 11,6).

Die Idee eines „passiven" Glaubens ist zu einem guten Teil der deutschen Sprache geschuldet, in der der Glaube tatsächlich auf eine verstandesmäßige Zustimmung, ein Fürwahrhalten oder ein abwartendes Vertrauen reduziert ist; zumindest im landläufigen Verständnis. Wenn wir gegenüber unseren Landsleuten vom „Glauben" reden, verstehen sie es also grundsätzlich zuerst einmal falsch. Und auch viele Christen verstehen es falsch, weil sie diesen falschen Glaubensbegriff nie hinterfragt haben. Und so gibt es drei Arten von Christen:

- Die einen glauben, gar nichts tun zu müssen, der „Glaube" allein genügt zur Errettung.
- Die anderen sehen diesen Irrtum, erkennen, dass Christus Gebote gegeben hat, und meinen, dass wir selbst auch alles getan haben müssen, um am Ende gerettet zu werden. Diese fallen in ein alttestamentliches Missverständnis des neutestamentlichen Glaubensgehorsams.
- Die dritten – und ich fürchte, es ist die Minderheit – verstehen, dass die Liebe zu Gott zum Gehorsam führt. Sie gehorchen nicht aus Furcht und Sorge, sondern weil sie eine neue Schöpfung sind, frei vom Gesetz der Sünde und des Todes, und dies unendlich dankbar zu schätzen wissen.

Die ersten beiden Arten von Christen bilden die überwiegende Mehrheit, und ihr Glaubensverständnis ist gleichermaßen falsch. Über ihre Rettung will ich nicht spekulieren, aber sie werden auf diese Weise nicht in dem Ausmaß die Frucht des Geistes hervorbringen können, wie Gott sie in uns sucht. Man kann sich dabei sehr einfach selbst überprüfen, indem man sich selbst beobachtet, wie man auf ein neutestamentliches Gebot reagiert. Nehmen wir ein unverfängliches Beispiel, die Fußwaschung.

„Versteht ihr, was ich euch getan habe? Ihr nennt mich Meister und Herr und sagt es mit Recht; denn ich bin es auch. Wenn nun ich, der Herr und Meister, euch die Füße gewaschen habe, so sollt auch ihr einander die Füße waschen; denn ein Vorbild habe ich euch gegeben, damit auch ihr so handelt, wie ich an euch gehandelt habe. Wahrlich, wahrlich, ich sage euch: Der Knecht ist nicht größer als sein Herr, noch der Gesandte größer als der ihn gesandt hat. Wenn ihr dies wisst, glückselig seid ihr, wenn ihr es tut!" (Johannes 13,12-17).

Der eine denkt sich: *„Es ist ja nur ein Beispiel, und wir werden nicht durch Werke gerettet. Ich habe verstanden, ich weiß, was das bedeuten soll. Das genügt."* Damit zeigt er ein Glaubensverständnis, dass sich auf das Wissen beschränkt. Er schreitet nicht, oder nur da, wo es ihm gefällt und nur „freiwillig" zur Tat, denn das Tun hat für ihn nichts mit der Errettung zu tun.

Der andere reagiert so: *„Komme ich in die Hölle, wenn ich das nicht tue?"* Damit offenbart er ein gesetzliches Gehorsamsverständnis, das mit Furcht und Strafe zu tun hat. Ein solcher ist entweder *„minimalistisch"* und will nur das tun, was wirklich als heilsnotwendig geboten ist, oder er ist *„maximalistisch"* und tut alles um des Heils willen, weil es eben ausdrücklich geboten ist und um nur ja nicht in die Hölle zu kommen.

Beide handeln aus dem Fleisch, denn in beiden Fällen kommt das Gesetz der Sünde in uns zum Ausdruck, das eigentlich überhaupt nicht tun will, was Gott uns gebietet. Im letzten Fall tarnt sich das Fleisch als fromm und gehorsam, aber es gehorcht nur aus Furcht, und damit nicht aus einem reinen Herzen, ungeheuchelter Liebe oder einem guten Gewissen. Das mag subtil sein, aber – Hand aufs Herz – so sind wir tatsächlich!

Die richtige Haltung ist eine Gesinnung der Freude und der Liebe! Wir wissen, dass das Gesetz gut ist, wir stimmen mit ihm überein und haben unser Fleisch gekreuzigt. Das Gesetz der Sünde in uns ist durch den Glauben und den Heiligen Geist überwunden. Wir blicken nicht auf das Gebot oder uns selbst, sondern auf den Herrn, der uns die Anweisung gab:

- Er ist unser Herr und Meister – einen besseren gibt es nicht!
- Er hat sich selbst erniedrigt und uns das getan, was wir einander tun sollen.
- Er tat es aus Liebe zu uns, und wir sollen es aus Liebe zu Ihm und einander tun.

Am Ende des Abschnitts über die Fußwaschung heißt es:

„Ein neues Gebot gebe ich euch, dass ihr einander lieben sollt, damit, wie ich euch geliebt habe, auch ihr einander liebt. Daran wird jedermann erkennen, dass ihr meine Jünger seid, wenn ihr Liebe untereinander habt." (Johannes 13,34-35).

Wie hat der Herr uns geliebt? Die Jünger wussten in dieser Situation noch nichts von der Bedeutung des Kreuzes; Er hat ihnen aber unmittelbar davor die Füße gewaschen. Das stand ihnen vor Augen, als Er dies sagte. Ja, die Fußwaschung ist ein Beispiel für zahllose andere Dienste, die wir in dieser Liebe einander leisten sollen, aber Er gebot auch, diese symbolische Handlung zu praktizieren. So wie wir taufen, das Abendmahl feiern, die Frauen ihr Haupt bedecken, die Kranken mit Öl gesalbt werden oder wir einander herzlich mit einem Kuss grüßen sollen. Zahllos sind die Ausreden, mit denen Christen sich entschuldigen, dieses oder jenes nicht tun zu müssen. Das eine halten sie, das andere negieren sie, und so messen sie die Gebote Christi und Seiner Apostel mit einem unglaubwürdigen doppelten Maß.

Der recht verstandene Glaube, wird all das mit Freuden tun, weil es Ausdrucksformen der Liebe sind, die wir zu Gott und untereinander kultivieren sollen. Die Zeichenhandlungen sollen uns helfen, uns daran zu erinnern und darin zu wachsen, indem wir immer auch einen symbolischen Schritt setzen und damit konkret im Glauben handeln. Das Motiv dabei ist nicht gesetzliche Furcht, sondern Liebe aus reinem Herzen, gutem Gewissen und ungeheucheltem Glauben. Es heißt zwar:

„Was nennt ihr mich aber »Herr, Herr« und tut nicht, was ich sage?" (Lukas 16,46).

Und weiter:

„Nicht jeder, der zu mir sagt: Herr, Herr! wird in das Reich der Himmel eingehen, sondern wer den Willen meines Vaters im Himmel tut." (Matthäus 7,21).

Doch dieser Gehorsam darf nicht in gesetzlicher Weise missverstanden werden:

„Wenn jemand mich liebt, so wird er mein Wort befolgen, und mein Vater wird ihn lieben, und wir werden zu ihm kommen und Wohnung bei ihm machen. Wer mich nicht liebt, der befolgt meine Worte nicht; und das Wort, das ihr hört, ist nicht mein, sondern des Vaters, der mich gesandt hat." (Johannes 14,23-24).

Ungehorsam ist ein Zeichen mangelnder Liebe zu Gott. Darum geht es Ihm aber. Was nützt es, Gott zu gehorchen, Ihn innerlich aber zu hassen? Das geht tatsächlich, und jede gesetzliche Weise des Glaubensgehorsams ist genau das. Denn unser Fleisch liebt Gott nicht, beugt sich aber aus Furcht vor Strafe dem „Zwang" der Gebote. Darum heißt es:

„Und wir haben die Liebe erkannt und geglaubt, die Gott zu uns hat. Gott ist Liebe, und wer in der Liebe bleibt, der bleibt in Gott und Gott in ihm.

Darin ist die Liebe bei uns vollkommen geworden, dass wir Freimütigkeit haben am Tag des Gerichts, denn gleichwie Er ist, so sind auch wir in dieser Welt. Furcht ist nicht in der Liebe, sondern die vollkommene Liebe treibt die Furcht aus, denn die Furcht hat mit Strafe zu tun; wer sich nun fürchtet, ist nicht vollkommen geworden in der Liebe. Wir lieben ihn, weil er uns zuerst geliebt hat." (1. Johannes 4,16-19).

Und weiter:

„Daran erkennen wir, dass wir die Kinder Gottes lieben, wenn wir Gott lieben und seine Gebote halten. Denn das ist die Liebe zu Gott, dass wir seine Gebote halten; und seine Gebote sind nicht schwer." (1. Johannes 5,2-3).

Diesen Merksatz habe ich unserer Gemeinde mitgegeben: *„Liebe macht Gehorsam leicht."* Jede andere Motivation wird zu einem Krampf und muss scheitern. Äußerlich sind „gesetzliche" Christen und solche, die aus Liebe zu Gott allem gehorchen oft kaum zu unterscheiden; es sind nur „Details": Die einen lächeln, die anderen sehen verbissen drein; die einen empfinden es als leicht, die anderen als ein schweres „Opfer"; die einen bleiben demütig, die anderen neigen dazu, sich ihrer Heiligkeit zu rühmen; die einen sind authentisch, die anderen neigen zur Heuchelei; den einen geht es um Gott und den Nächsten, den anderen um sich selbst. Das ist etwas schwarzweiß gezeichnet, um den Punkt deutlich zu machen, selbstverständlich gibt es dazwischen viele Graustufen. Es besteht noch ein wesentlicherer Unterschied:

Die einen können damit umgehen, wenn andere manches anders halten, weil sie Heiligung und Erkenntnis als Wachstumsprozess sehen, nach dem Wort des Paulus:

„Lasst uns alle, die wir gereift sind, so gesinnt sein; und wenn ihr über etwas anders denkt, so wird euch Gott auch das offenbaren. Doch wozu wir auch gelangt sein mögen, lasst uns nach derselben Richtschnur wandeln und dasselbe erstreben!" (Philipper 3,15-16).

Selbst Paulus hat es noch nicht völlig ergriffen, aber er jagt dem nach, Christus gleichförmig zu werden. Es ist ein Wachstumsprozess, der Zeit braucht, und diese Zeit müssen wir allen zugestehen.

Die anderen aber sehen den absoluten Gehorsam in allem als Heilsfrage und sprechen jedem, der etwas anders macht, das Heil und die Bruderschaft ab, nach dem Wort des Herrn über die Pharisäer:

„Aber wehe euch, ihr Schriftgelehrten und Pharisäer, ihr Heuchler, dass ihr das Reich der Himmel vor den Menschen zuschließt! Ihr selbst geht nicht hinein, und die hinein wollen, die lasst ihr nicht hinein. … Wehe euch, ihr Schriftgelehrten und Pharisäer, ihr Heuchler, dass ihr Meer und Land durchzieht, um einen einzigen Proselyten zu machen, und wenn er es geworden ist, macht ihr einen Sohn der Hölle aus ihm, zweimal mehr, als ihr es seid! … Wehe euch, ihr Schriftgelehrten und Pharisäer, ihr Heuchler, dass ihr die Minze und den Anis und den Kümmel verzehntet und das Wichtigere im Gesetz vernachlässigt, nämlich das Recht und das Erbarmen und den Glauben! Dieses sollte man tun und jenes nicht lassen. Ihr

blinden Führer, die ihr die Mücke aussiebt, das Kamel aber verschluckt!" (Matthäus 23,13.15.23-24).

Denn tatsächlich ist es bei allen Gruppen, die in alttestamentlicher Weise die neutestamentlichen Gebote halten wollen, oft ganz genau so, wenn man hinter die Kulissen schaut, denn es ist relativ leicht den äußeren Schein perfekter Heiligung zu wahren, aber dahinter findet man leider oft dieselbe Herzenshärtigkeit wie bei den Pharisäern. Die neue Geburt kann so nicht zur Wirkung kommen, weil die Heiligung im Fleisch erstrebt wird.

Beide Gruppen werden andererseits von den „liberalen", „progressiven" und offen „gesetzlosen" Christen gleichermaßen als extrem und gesetzlich angesehen. Diese Christen haben am Tag des Gerichts ein ernsteres Problem, da ein Glaube ohne Gehorsam in Liebe überhaupt keine Heilsverheißung hat.

Zurück zum rechten Umgang mit dem Gesetz. Genau darauf hat der Herr Jesus hingewiesen, als Er über das größte Gebot im Gesetz redete:

„Meister, welches ist das größte Gebot im Gesetz? Und Jesus sprach zu ihm: »Du sollst den Herrn, deinen Gott, lieben mit deinem ganzen Herzen und mit deiner ganzen Seele und mit deinem ganzen Denken«. Das ist das erste und größte Gebot. Und das zweite ist ihm vergleichbar: »Du sollst deinen Nächsten lieben wie dich selbst«. An diesen zwei Geboten hängen das ganze Gesetz und die Propheten." (Matthäus 22,36-40).

Darum konnte man auch *unter* dem Gesetzesbund gerettet werden, jedoch nicht *durch* diesen. Denn auch damals galt wie heute, dass (a) die Liebe die Erfüllung des Gesetzes ist, und (b) der Glaube rechtfertigt:

„Siehe, der Vermessene – unaufrichtig ist seine Seele in ihm; der Gerechte aber wird durch seinen Glauben leben." (Habakuk 2,4).

Glauben und Liebe – das zieht sich durch die ganze Heilige Schrift und alle Bünde, die Gott je mit uns Menschen geschlossen hat. Das ist der rote

Faden der Gerechtigkeit vor Gott. So und nicht anders sieht der richtige Umgang mit dem Gesetz aus.

: Doppelpunkt

Dieses Buch sollte nicht bloß Wissen vermitteln, sondern in die Freiheit der Kinder Gottes führen, um diese auch zu leben. Es geht um einen freudigen, von Liebe erfüllten Glauben, befreit von Knechtschaft und Furcht. Es geht um einen gehorsamen Glauben, befeuert von der Liebe Gottes und der Liebe zu Gott und den Nächsten. Weiterhin gilt:

„Alles, was der Herr gesprochen hat, werden wir tun und hören!" (Exodus 24,7).

Denn es heißt:

„Lehrt sie alles halten, was ich euch befohlen habe." (Matthäus 28,20).

Aber es gibt keinen Fluch mehr, keine Strafandrohung mehr, weil die Stimme des inneren Widerspruchs (das Gesetz der Sünde) durch den Heiligen Geist zum Schweigen gebracht wurde. Unser Fleisch wurde mit Christus gekreuzigt. Nun lernen wir eine neue Lebensführung – wir lernen diese wie Kinder, die zuerst lernen müssen, ins Töpfchen zu machen, zu gehen und richtig zu sprechen. Gott erwartet nicht, dass wir auf Knopfdruck vollkommen sind, und auf dem christlichen Weg herrscht kein Perfektionismus. Wir werden Fehler machen und sündigen, und wer das bestreitet, der lügt und macht Gott zum Lügner, der das ganz genau weiß:

„Wenn wir sagen, dass wir keine Sünde haben, so verführen wir uns selbst, und die Wahrheit ist nicht in uns. Wenn wir aber unsere Sünden bekennen, so ist er treu und gerecht, dass er uns die Sünden vergibt und uns reinigt von aller Ungerechtigkeit. Wenn wir sagen, dass wir nicht gesündigt haben, so machen wir ihn zum Lügner, und sein Wort ist nicht in uns." (1. Johannes 1,8-9).

Doch Johannes sagt weiter:

„Meine Kinder, dies schreibe ich euch, damit ihr nicht sündigt!" (1. Johannes 2,1a)

Die Gnade Gottes ist kein Freibrief zum Sündigen, und das Ziel wird wegen unserer Sünde absolut nicht verrückt, aber er sagt auch:

„Und wenn jemand sündigt, so haben wir einen Fürsprecher bei dem Vater, Jesus Christus, den Gerechten; und er ist das Sühnopfer für unsere Sünden, aber nicht nur für die unseren, sondern auch für die der ganzen Welt." (1. Johannes 2,1b-2).

Wir leben aus Gnade, und es gibt mehr als genug davon!

„Und aus seiner Fülle haben wir alle empfangen Gnade um Gnade. Denn das Gesetz wurde durch Mose gegeben; die Gnade und die Wahrheit ist durch Jesus Christus geworden." (Johannes 1,16-17).

So lädt der Herr Jesus uns zu einem angstfreien und dennoch heiligen Leben ein, ein Leben in der Freiheit der Kinder Gottes und nicht mehr unter der Knechtschaft des Gesetzes. Verlassen wir also den Flugsimulator des Alten Bundes und erheben wir uns im Flieger des Neuen Bundes über die Wolken!

Unserem Vater und dem Herrn Jesus Christus sei die Ehre in Ewigkeit. Amen.